ELABORAÇÃO DE PESQUISA CIENTÍFICA

www.editorasaraiva.com.br

José Osvaldo De Sordi

ELABORAÇÃO DE PESQUISA CIENTÍFICA

Seleção, leitura e redação

Rua Henrique Schaumann, 270
Pinheiros – São Paulo – SP – CEP: 05413-010
Fone PABX: (11) 3613-3000 • Fax: (11) 3611-3308
Televendas: (11) 3613-3344 • Fax vendas: (11) 3268-3268
Site: http://www.saraivauni.com.br

Filiais

AMAZONAS/RONDÔNIA/RORAIMA/ACRE
Rua Costa Azevedo, 56 – Centro
Fone/Fax: (92) 3633-4227 / 3633-4782 – Manaus

BAHIA/SERGIPE
Rua Agripino Dórea, 23 – Brotas
Fone: (71) 3381-5854 / 3381-5895 / 3381-0959 – Salvador

BAURU/SÃO PAULO (sala dos professores)
Rua Monsenhor Claro, 2-55/2-57 – Centro
Fone: (14) 3234-5643 – 3234-7401 – Bauru

CAMPINAS/SÃO PAULO (sala dos professores)
Rua Camargo Pimentel, 660 – Jd. Guanabara
Fone: (19) 3243-8004 / 3243-8259 – Campinas

CEARÁ/PIAUÍ/MARANHÃO
Av. Filomeno Gomes, 670 – Jacarecanga
Fone: (85) 3238-2323 / 3238-1331 – Fortaleza

DISTRITO FEDERAL
SIA/SUL Trecho 2, Lote 850 – Setor de Indústria e Abastecimento
Fone: (61) 3344-2920 / 3344-2951 / 3344-1709 – Brasília

GOIÁS/TOCANTINS
Av. Independência, 5330 – Setor Aeroporto
Fone: (62) 3225-2882 / 3212-2806 / 3224-3016 – Goiânia

MATO GROSSO DO SUL/MATO GROSSO
Rua 14 de Julho, 3148 – Centro
Fone: (67) 3382-3682 / 3382-0112 – Campo Grande

MINAS GERAIS
Rua Além Paraíba, 449 – Lagoinha
Fone: (31) 3429-8300 – Belo Horizonte

PARÁ/AMAPÁ
Travessa Apinagés, 186 – Batista Campos
Fone: (91) 3222-9034 / 3224-9038 / 3241-0499 – Belém

PARANÁ/SANTA CATARINA
Rua Conselheiro Laurindo, 2895 – Prado Velho
Fone: (41) 3332-4894 – Curitiba

PERNAMBUCO/ ALAGOAS/ PARAÍBA/ R. G. DO NORTE
Rua Corredor do Bispo, 185 – Boa Vista
Fone: (81) 3421-4246 / 3421-4510 – Recife

RIBEIRÃO PRETO/SÃO PAULO
Av. Francisco Junqueira, 1255 – Centro
Fone: (16) 3610-5843 / 3610-8284 – Ribeirão Preto

RIO DE JANEIRO/ESPÍRITO SANTO
Rua Visconde de Santa Isabel, 113 a 119 – Vila Isabel
Fone: (21) 2577-9494 / 2577-8867 / 2577-9565 – Rio de Janeiro

RIO GRANDE DO SUL
Av. A. J. Renner, 231 – Farrapos
Fone: (51) 3371- 4001 / 3371-1467 / 3371-1567 – Porto Alegre

SÃO JOSÉ DO RIO PRETO/SÃO PAULO (sala dos professores)
Av. Brig. Faria Lima, 6363 – Rio Preto Shopping Center – V. São José
Fone: (17) 3227-3819 / 3227-0982 / 3227-5249 – São José do Rio Preto

SÃO JOSÉ DOS CAMPOS/SÃO PAULO (sala dos professores)
Rua Santa Luzia, 106 – Jd. Santa Madalena
Fone: (12) 3921-0732 – São José dos Campos

SÃO PAULO
Av. Antártica, 92 – Barra Funda
Fone PABX: (11) 3613-3666 – São Paulo

304.803.001.001

ISBN 978-85-02-21032-5

CIP-BRASIL. CATALOGAÇÃO NA FONTE
SINDICATO NACIONAL DOS EDITORES DE LIVROS, RJ.

S488e

De Sordi, José Osvaldo

Elaboração de pesquisa científica : seleção, leitura e redação / José Osvaldo De Sordi. - 1. ed. - São Paulo : Saraiva, 2013.

ISBN 978-85-02-21032-5

1. Pesquisa - Metodologia. I. Título.

13-02887
CDD-001.42
CDU-001.81

Copyright © José Osvaldo De Sordi
2014 Editora Saraiva
Todos os direitos reservados.

Direção editorial	Flávia Alves Bravin
Coordenação editorial	Rita de Cássia da Silva
Editorial Universitário	Luciana Cruz
	Patricia Quero
Editorial de Negócios	Gisele Folha Mós
Produção editorial	Daniela Nogueira Secondo
	Rosana Peroni Fazolari
Produção digital	Nathalia Setrini Luiz
Suporte editorial	Najla Cruz Silva
Arte e produção	2 estúdio gráfico
Capa	Aero Comunicação
Produção gráfica	Liliane Cristina Gomes
Impressão e acabamento	Edições Loyola

Contato com o editorial
editorialuniversitario@editorasaraiva.com.br

1ª edição

Nenhuma parte desta publicação poderá ser reproduzida por qualquer meio ou forma sem a prévia autorização da Editora Saraiva. A violação dos direitos autorais é crime estabelecido na lei nº 9.610/98 e punido pelo artigo 184 do Código Penal.

Ao meu irmão Cesar,
pela nossa saudável e positiva relação:
discussão, reflexão e, quase sempre, a concordância,
pautadas por muito respeito, amor e carinho.

AGRADECIMENTOS

Os convites das instituições de ensino superior para lecionar disciplinas pertinentes ao tema "capacitação em pesquisa" foram o principal aspecto motivador para o desenvolvimento deste livro. Essas atividades docentes me levaram a estruturar melhor as informações que possuía, bem como a avançar nas pesquisas associadas ao tema. Assim, gostaria de agradecer aos discentes, docentes e dirigentes das instituições de ensino superior que me convidaram para ministrar tais cursos. Felizmente, os discentes foram muitos, assim como as suas colaborações. Para não incorrer no risco de esquecer algum nome dentre os discentes, deixo aqui o registro de sua fundamental importância. Sem eles não haveria curso, não haveria pesquisa e, consequentemente, não haveria a motivação para a elaboração deste livro.

Apresento, a seguir, a lista de instituições e os dirigentes da época (2008–2012) que realizaram os convites para que eu ministrasse a disciplina pertinente ao tema "capacitação em pesquisa". Na Universidade Municipal de São Caetano do Sul (USCS), lecionei a disciplina *Workshop* da Produção Acadêmica e Científica, a convite do professor doutor Mauro Garcia Neves (*in memoriam*), coordenador do programa de mestrado e doutorado em Administração, e do professor doutor Eduardo de Camargo Oliva, pró-reitor de pesquisa. Posteriormente, lecionei a disciplina Práticas da Produção Científica no programa de mestrado e doutorado em Administração da Universidade Nove de Julho (UNINOVE), a convite do professor doutor Milton de Abreu Campanario, diretor do programa de pós-graduação em Administração. Nos últimos anos, tenho lecionado as disciplinas Metodologia da Pesquisa Científica e *Workshop* da Produção Acadêmica e Científica, no programa de mestrado profissional em Administração da Faculdade Campo Limpo Paulista (FACCAMP), oportunidade concedida pelo professor doutor Osvaldo de Oliveira, diretor de pesquisa da instituição, e pelo professor doutor Nelson Gentil, diretor-presidente da instituição.

Boa parte do conteúdo deste livro é resultante da minha prática no exercício da pesquisa científica, como a elaboração de projetos de pesquisa, execução de pesquisas e divulgação dos resultados da pesquisa na forma de relatórios e artigos científicos. Agradeço aos pareceristas (*referees*) das revistas científicas e das agências de fomento à pesquisa que, apesar do trabalho cansativo, anônimo e cívico (gratuito), sempre proveram *feedbacks* valiosos para meu desenvolvimento como pesquisador.

A inserção no ambiente acadêmico-científico também colaborou muito. Agradeço aos meus pares, que me convidaram para participar de bancas de avaliação de mérito científico em programas de mestrado e doutorado, bem como para atuar como *referee* de revistas científicas. Nos últimos dez anos, participei de aproximadamente 120 seções de trabalho de avaliação, considerando as seções de análise de projeto de pesquisa (qualificação) e de análise do relatório final (defesa). Nesse mesmo período, avaliei aproximadamente 240 artigos científicos a pedido de editores de revistas científicas e outros 300 artigos a pedido das comissões organizadoras de congressos científicos.

Há, ainda, uma série de outras atividades acadêmicas e científicas que colaboraram muito para o conteúdo deste livro: avaliação de projetos para agências de fomento à pesquisa, avaliação de projetos de iniciação científica e atividades de orientação a discentes. Sou grato a todos os interlocutores envolvidos nessas atividades que, de uma forma ou outra, ajudaram-me a desenvolver a percepção das ideias presentes neste livro.

SOBRE O AUTOR

José Osvaldo De Sordi é pós-doutor em Administração de Empresas pela Universidade de São Paulo (USP), doutor em Administração de Empresas na área de Sistemas de Informação pela Escola de Administração de Empresas de São Paulo da Fundação Getulio Vargas (FGV-EAESP), mestre em Informática - Gerenciamento de Sistemas de Informação pela Pontifícia Universidade Católica de Campinas (PUCCAMP) e bacharel em Análise de Sistemas pela mesma instituição.

É docente-pesquisador do programa de mestrado em Administração da Faculdade Campo Limpo Paulista (FACCAMP). Dedica-se, há 20 anos, às pesquisas em administração da informação no contexto das organizações, atuando como consultor e gerente de projetos em empresas internacionais, como Ernst & Young, Plaut e Hewlett-Packard.

Contato com o autor:
de.sordi@editorasaraiva.com.br

PREFÁCIO

Iniciar uma pesquisa científica não é uma coisa trivial, mesmo para pesquisadores experientes. Em especial, alunos de iniciação científica e mestrandos ficam inquietos com a tarefa e, por isso, os benefícios resultantes da atividade podem ficar bem abaixo de seu potencial ou até mesmo causar desistência caso os aprendizes usem o processo de tentativa e erro em vez de adotarem uma sistemática orientada de trabalho. O uso de um guia pode auxiliar no processo de aprendizagem sobre como sistematizar o trabalho e, com isso, ajudar a avançar na execução das tarefas envolvidas no desenvolvimento da pesquisa. O uso de um guia, em geral, gera um sentimento de confiança e uma liberdade de ação ao aluno, além de um consequente prazer na tarefa, em vez de ansiedade, isolamento, confusão e desânimo.

Não estou argumentando que a pesquisa científica pode ser transformada em uma simples sequência-padrão de tarefas. Reconheço o "lado artesanal" do trabalho e também o efeito da experiência, inclusive para o processo de formação de novos pesquisadores. No entanto, minha experiência mostra que se iniciamos uma pesquisa de forma mais estruturada ela flui melhor e seu processo é mais eficiente – especialmente quando trabalhamos em grupo.

Temos que reconhecer que um dos grandes desafios dos pesquisadores, atualmente, é mapear rapidamente o tema de seu interesse, pois a velocidade com a qual novos estudos são publicados é muito elevada – e entre estes há trabalhos relevantes e outros que não necessariamente precisam ser analisados por nossas pesquisas. Assim, a identificação, a seleção, o armazenamento e a recuperação eficaz de referências no momento do uso requerem do pesquisador habilidades específicas e conhecimento de softwares bibliográficos dedicados. Nesse sentido, técnicas de gestão de informação podem ajudar.

Especificamente, este livro, escrito por uma pessoa com experiência em gestão da informação, usando como ponto de partida um projeto de pesquisa sobre gestão de informação na academia e muitas referências que tratam de pesquisa e informação, apresenta os passos de como fazer eficientemente várias atividades relacionadas ao processo de pesquisa. Diferentemente de outras obras, ele se detém nos detalhes do processo de executar a busca, a seleção, o armazenamento, a análise e a citação de referências e dados.

Pesquisadores iniciantes poderão usá-lo como guia, enquanto pesquisadores experientes poderão adotá-lo na íntegra ou em parte como apoio ao processo de orientação ou mesmo em disciplinas que requeiram que o aluno produza documentos de revisão de literatura sobre um tema. Não se trata de um livro de métodos de pesquisa, embora estes sejam citados de forma bem parcimoniosa ao longo do livro, quando são comentadas as partes que, em geral, compõem um relatório de pesquisa. O livro indica a existência de várias possibilidades de caminhos para a condução de pesquisas sem tender para algum posicionamento específico.

A obra, diferentemente dos livros de métodos de pesquisa, trata mais do processo de pesquisa, se assemelhando mais a publicações do exterior ou de outras áreas do conhecimento no Brasil, explicando como conduzir revisões de literatura. Ilustrações são usadas em todo o livro para auxiliar os leitores na aplicação da prática ou técnica apresentada.

A primeira parte do livro trata da seleção de referências a partir de acervos volumosos e de grande diversidade, tais como Portal CAPES, SciELO, dentre outros. Explica, também, o que são metadados e como usar critérios de busca nesses repositórios, além de mostrar como avaliar a qualidade de periódicos a partir de citação e fator de impacto. O leitor ainda terá instruções sobre a criação de seu acervo pessoal de referências, com sugestões sobre como organizar pastas e usar softwares para, posteriormente, gerenciar eficientemente sua biblioteca.

A segunda parte do livro apresenta técnicas relacionadas à leitura eficiente de textos científicos (dissertativos), mostrando como cada um dos principais tipos de leitura pode ser empregado nas diferentes fases da construção da pesquisa em razão do conhecimento existente sobre o tema de interesse do pesquisador. Esse processo crescente de compreensão e aprofundamento sobre o tema da pesquisa e a construção de mapas explicativos da teoria que se está pesquisando são fundamentais para a identificação de lacunas teóricas que podem ser objeto de novos estudos e, portanto, obrigatórias no relatório da pesquisa em processo.

Já a terceira parte do livro orienta o pesquisador a elaborar a tarefa do processo de pesquisa (talvez a mais difícil), que consiste em redigir textos [acadêmicos e não acadêmicos] contendo a pesquisa conduzida. Nessa parte, são apresentados diferentes problemas comuns de estilo de redação em textos científicos, ilustrando com exemplos e propostas de redação alternativas mais adequadas. Nessa seção, também sugere-se quais elementos estruturantes são esperados em um texto científico, o que é muito útil para alunos de iniciação científica, mestrado e doutorado. Nessa seção do livro, ainda são citadas questões epistemológicas e de métodos de pesquisa, mas sem a pretensão de que isso sirva como guia. O autor alerta para a importância de se deter na descrição dos detalhes da pesquisa de campo como forma de prevenir a armadilha de apenas usar "rótulos" para indicar o que foi feito, além de explicar que, como geralmente ocorre divergência sobre como denominar procedimentos de pesquisa, a descrição detalhada pode indicar a qualidade do que foi realizado, não importando a denominação dada ao procedimento.

O autor ainda introduz a discussão sobre práticas que levam à qualidade de textos acadêmicos. Nesse ponto, o livro me lembrou a obra de Andrew Van de Ven, *Engaged Scholarship* (2007), e conversas/palestras de professores seniores com elevada produção bibliográfica: todos concordam que um bom texto precisa de muitas versões e que a rotina de escrever todos os dias, mesmo que por períodos curtos, é a maneira de ter eficiência nessa tarefa.

Eu gostaria de agradecer ao De Sordi por ter me convidado para fazer esse prefácio. A leitura de seu livro foi muito leve e fluida, e espero que os demais leitores aproveitem a obra como eu.

ELIANE PEREIRA ZAMITH BRITO

Professora do Programa de Pós-graduação em Administração de Empresas

da Fundação Getulio Vargas – São Paulo.

APRESENTAÇÃO

Ao término de 2011, a quantidade de *web servers* disponíveis na Internet duplicava a cada 16 meses (DE SORDI et al., 2012). Essa expansão ocorre não apenas no que diz respeito a conteúdo e maior disponibilidade de informações, mas também no tocante à infraestrutura e às facilidades tecnológicas para armazenamento, busca, geração e recuperação de informações. Há muitas ferramentas disponíveis na Internet que colaboram com as atividades de criação, seleção e leitura da informação. Trata-se, aqui, de uma espiral evolutiva que caracteriza bem o contexto da nova sociedade da informação.

Os motores de busca estão cada vez mais sofisticados, seja para encontrar uma música, um número de telefone ou um documento específico com determinada característica. Pode-se realizar pesquisas sem a necessidade de possuir conhecimento ou habilidades em linguagens de computação – e até sem ter que teclar caracteres, bastando um comando de voz. A leitura é facilitada por visualizadores que permitem ampliar e reduzir textos com muita facilidade, adicionar anotações e comentários ao conteúdo, optar pela audição em vez da leitura, interagir dinamicamente com tabelas e figuras via *hiperlinks* que oferecem uma leitura extremamente interativa e mais envolvente. Para a atividade de redação há diversas facilidades, como corretores ortográficos, revisores gramaticais, redatores a partir da voz, geradores de gráficos, tradutores de textos e ferramentas analíticas que auxiliam na geração de informação.

Os profissionais do século XXI têm como principal insumo para suas atividades a informação, ou seja, trabalham a informação para gerar novos conhecimentos; por isso, são denominados de *knowledge workers* (KW). A partir de informações, os KW analisam, descobrem e criam novas realidades em seus campos de atuação. Ao verificarmos as atividades desses profissionais nas organizações, percebemos que, na maior parte do tempo, eles estão realizando trabalhos intelectuais de análise dentro de três grandes grupos de atividades: seleção, leitura e redação de conteúdos. Essas atividades são extremamente dinâmicas e imbricadas. Por mais que ocorram avanços tecnológicos, essas atividades continuam altamente dependentes da capacidade humana e tornam-se cada vez mais características diferenciais do profissional do século XXI.

As organizações empresariais têm incorporado princípios e métodos da academia científica no aprimoramento da qualidade de suas informações. Associação de resumo ao conteúdo, declaração de fontes das informações, indexação do conteúdo a palavras-chave estão entre as práticas executadas nos modernos centros de informações organizacionais. Um exemplo: após o escândalo do grampo telefônico de 2012 na mídia jornalística inglesa, o magnata e presidente de diversas mídias de notícias internacionais, Rupert Murdoch, declarou que os empresários deveriam ler e dar mais atenção às revistas científicas em função da notória qualidade das informações publicadas. Em suma, as empresas demandam cada vez mais da academia científica, reconhecem-na como importante fonte de informação, práticas e profissionais qualificados (os KW) para o desafio da inovação e da competitividade empresarial.

No processo de formação de KW no contexto do ensino brasileiro, observa-se, há algumas décadas, o encantamento de discentes com a aplicação dos novos artefatos e instrumentos tecnológicos. Em contrapartida, observa-se uma profunda apatia desses discentes com relação às disciplinas e atividades mais reflexivas que exigem interpretação, análise e discussão de conteúdo (CAMARGOS, CAMARGOS e MACHADO, 2006). Uma postura questionável para discentes dos níveis técnico e tecnológico – e extremamente indesejável aos bacharéis. Comportamento paradoxal, considerando que os artefatos são substituídos e descartados cada vez mais rapidamente e, na base dessa reciclagem contínua de artefatos, está o desenvolvimento de novos artefatos produzidos pelas atividades de análise e reflexão. Nesse cenário, as organizações competitivas demandam cada vez mais profissionais capazes de analisar o contexto, para adaptar, evoluir e criar novos artefatos com a aplicação dos novos avanços científicos.

Dentre as competências que devem ser desenvolvidas pelos bacharéis, mestrandos e doutorandos há uma atividade acadêmica que endereça muito bem o conjunto de características essenciais demandadas pelo moderno profissional da sociedade da informação (KW): o desenvolvimento da pesquisa científica. Este livro trabalha com três grandes conjuntos de atividades essenciais à pesquisa científica e ao KW: seleção, leitura e redação de textos. O objetivo central desta obra é colaborar com docentes, discentes e autodidatas envoltos com o aprendizado da pesquisa científica; daí o título *Capacitação em pesquisa*. Dentro dessa perspectiva, a obra propõe-se a colaborar com disciplinas associadas ao ensino das práticas da pesquisa científica, qual seja seu nome: Iniciação Científica, *Workshop* da Produção Acadêmica e Científica, Metodologia da Pesquisa, Capacitação em Pesquisa, dentre outras denominações existentes nos programas de ensino.

SUMÁRIO

PARTE 1 – SELEÇÃO 1

CAPÍTULO 1
BUSCA POR TEXTOS CIENTÍFICOS: CRITÉRIOS DOS "MOTORES DE BUSCA" ... 7

1.1 CRITÉRIO PARA SELEÇÃO A PARTIR DO *TÍTULO E RESUMO* 7

1.2 CRITÉRIO PARA SELEÇÃO A PARTIR DO CORPO DE *TEXTO DO DOCUMENTO* ... 8

1.3 CRITÉRIO PARA SELEÇÃO APENAS DE TEXTOS CIENTÍFICOS (*PEER REVIEWED*) ... 9

1.4 CRITÉRIO PARA SELEÇÃO A PARTIR DO *ASSUNTO* 10

1.5 CRITÉRIO PARA SELEÇÃO A PARTIR DO *NOME DA FONTE* 11

1.6 CRITÉRIO PARA SELEÇÃO A PARTIR DO INTERVALO DE *DATAS DA PUBLICAÇÃO* ... 12

1.7 CRITÉRIO PARA SELEÇÃO A PARTIR DO *TÍTULO DA REVISTA* E *ASSUNTO DA REVISTA* ... 12

1.8 PROCEDIMENTOS PARA CONFIGURAÇÃO DE ALERTAS (PESQUISA VIA "ROBÔ"/SOFTWARE AGENTE) ... 13

1.9 PROCEDIMENTOS PARA CLASSIFICAÇÃO DOS RESULTADOS GERADOS PELA PESQUISA ... 15

CAPÍTULO 2
CRITÉRIOS PARA ANÁLISE DA QUALIDADE DE REVISTAS CIENTÍFICAS ... 17

2.1 FATOR DE IMPACTO (FI) 18

    2.1.1 Importância de contextualizar os indicadores do JCR por áreas da ciência ... 21

2.2 ÍNDICE H 22

CAPÍTULO 3
DESENVOLVIMENTO DE REPOSITÓRIOS INSTITUCIONAIS E REVISTAS CIENTÍFICAS ... 25

3.1 TECNOLOGIAS 26

3.2 POLÍTICAS 30

CAPÍTULO 4

BUSCA NO ACERVO PESSOAL 33

4.1 FERRAMENTAS (SOFTWARES) QUE FACILITAM A SELEÇÃO DE CONTEÚDOS NO ACERVO DO PESQUISADOR 35

    4.1.1 Softwares organizadores de conteúdo 36

    4.1.2 Softwares de apoio à análise de dados qualitativos (*Computer-Assisted Qualitative Data Analysis Software* – CAQDAS) 37

    4.1.3 Softwares de apoio à análise estatística 37

PARTE II – LEITURA 39

CAPÍTULO 5

OS DIFERENTES TIPOS DE LEITURA 43

5.1 LEITURA DO TIPO *SCANNING* OU SELETIVA 43

5.2 LEITURA DO TIPO *SKIMMING* OU PRÉ-LEITURA 44

5.3 LEITURA DO TIPO INTENSIVA 44

5.4 LEITURA DO TIPO CRÍTICA OU REFLEXIVA 45

CAPÍTULO 6

TÉCNICAS DE APOIO AO PROCESSO DE LEITURA 47

6.1 TÉCNICA DE MAPA BIBLIOMÉTRICO 48

6.2 TÉCNICA DE ANÁLISE DE CONTEÚDO 50

CAPÍTULO 7

FUNDAMENTOS PARA LEITURA EFICAZ DE TEXTOS CIENTÍFICOS 53

7.1 COMPREENSÃO DA ESTRUTURA DA REDAÇÃO DISSERTATIVA 53

    7.1.1 Estrutura de generalização 54

    7.1.2 Estrutura de enumeração 55

    7.1.3 Estrutura de sequência 55

    7.1.4 Estrutura de classificação 56

    7.1.5 Estrutura de comparação/contraste 77

PARTE III – REDAÇÃO 59

CAPÍTULO 8

ESTILO DA REDAÇÃO CIENTÍFICA 63

8.1 VOCABULÁRIO REBUSCADO (USO DE ERUDIÇÃO) 63

8.2 FRASE INTRODUTÓRIA SUPÉRFLUA 65

8.3 VOCABULÁRIO POPULAR (USO DE VERNÁCULO) 68

8.4 REDUNDÂNCIA (TAUTOLOGIA OU CIRCULARIDADE) 70

8.5 VOZ PASSIVA (DISCURSO INDIRETO) 71

8.6 LINGUAGEM PESSOAL (TEMPO VERBAL DISTINTO DA TERCEIRA PESSOA DO SINGULAR) 72

8.7 EXCESSO DE PALAVRAS (CIRCUNLÓQUIO OU VERBOSIDADE) 74

8.8 CONSTRUÇÃO NEGATIVA 76

8.9 PERSONIFICAÇÃO DE COISAS (EXPRESSÃO TELEOLÓGICA) 77

8.10 PERÍODO DE TEMPO MAL ESPECIFICADO (ATRELADO AO MOMENTO DA REDAÇÃO) 78

8.11 ADJETIVOS E ADVÉRBIOS DESNECESSÁRIOS 79

8.12 ADOÇÃO DE PALAVRA LONGA 80

8.13 ENVELHECIMENTO PRECOCE DO TEXTO PELO EMPREGO DO TEMPO PASSADO 80

8.14 IMPRECISÃO DA INFORMAÇÃO 81

8.15 FALTA DE HUMILDADE 82

8.16 FALTA DE UNIFORMIDADE DE TERMOS 84

CAPÍTULO 9

ELEMENTOS ESTRUTURANTES DO TEXTO CIENTÍFICO 85

9.1 TÍTULO 86

9.2 RESUMO 87

9.3 PALAVRAS-CHAVE 93

9.4 INTRODUÇÃO: DECLARAÇÃO DO PROBLEMA (JUSTIFICATIVA DA PESQUISA) 94

9.5 INTRODUÇÃO: FORMULAÇÃO DA PERGUNTA DE PESQUISA 96

9.6 INTRODUÇÃO: OBJETO, OBJETIVO E OBJETIVOS ESPECÍFICOS 97

9.7 MÉTODO: PARADIGMA/ALEGAÇÃO DO CONHECIMENTO EMPREGADO PELO PESQUISADOR 98

9.8 MÉTODO: TIPO DA PESQUISA 100

9.9 MÉTODO: ESTRATÉGIA DE PESQUISA ADOTADA 102

9.10 MÉTODO: TÉCNICAS DE PESQUISA EMPREGADAS	105
9.11 INSUMOS COLETADOS: DECLARAÇÃO QUANTO À ORIGEM E À NATUREZA	109
9.12 REFERENCIAL TEÓRICO: NÃO CONFUNDIR DIÁLOGO COM A LITERATURA COM REVISÃO TEÓRICA	114
9.13 CONCLUSÃO OU DISCUSSÃO DOS RESULTADOS	115
9.14 REFERÊNCIAS (E CITAÇÕES)	116

CAPÍTULO 10
PROCESSO DE DESENVOLVIMENTO DO TEXTO CIENTÍFICO — 123

10.1 ESCREVER, REESCREVER, RE-REESCREVER...	123
10.2 ESBOÇO DA COMUNICAÇÃO CIENTÍFICA A SER REDIGIDA	124
10.3 DEFINIÇÃO DAS SEÇÕES DO TEXTO CIENTÍFICO	125
10.4 MAPA VISUAL (*DISPLAY*)	126
10.5 SELEÇÃO DO CANAL PRETENDIDO PARA PUBLICAÇÃO DA COMUNICAÇÃO CIENTÍFICA	130
10.6 DEFINIÇÃO DE TERMOS TÉCNICOS	131

ÍNDICE REMISSIVO	133

REFERÊNCIAS	135

PARTE I
SELEÇÃO

Tirar informação da Internet é como
beber água de um hidrante

Mitchell Kapor
Empreendedor do segmento de
software e investidor americano

No desenvolvimento da pesquisa científica, é muito comum os pesquisadores terem de procurar, ler, selecionar e utilizar (citar) textos de diferentes autores, localidades e naturezas. Entre as principais demandas da pesquisa por textos, destacam-se: fundamentação teórica, justificativa do problema e estruturação dos procedimentos operacionais da pesquisa.

A fundamentação teórica, normalmente, é encontrada em artigos científicos, que ampliaram ou revisaram teorias já existentes ou mesmo propuseram novas teorias. Os livros de referência ou *handbooks* (coleção de teorias de uma subárea da ciência) também são fontes de teorias, principalmente das mais tradicionais, amplamente difundidas e aceitas. Um pesquisador iniciante, que desenvolve uma monografia (graduando), se pautará mais em livros, enquanto um pesquisador mais experiente (mestrando ou doutorando) utilizará mais artigos científicos. Isso está associado aos desafios e expectativas com relação ao produto a ser gerado por eles. Em relação ao pesquisador mais experiente, há uma cobrança maior por inovação e geração de conhecimento, pois ele já demonstrou saber pesquisar quando da elaboração de sua monografia ou dissertação, e do pesquisador principiante espera-se que o documento evidencie que ele compreendeu, pela prática da pesquisa descrita em seu texto, os princípios que norteiam a pesquisa científica.

A justificativa do problema, geralmente, é estruturada a partir de artigos científicos e não científicos, como jornais e revistas; um aspecto importante a ser observado é a necessidade de que os textos sejam atuais. No que diz respeito a esse aspecto, os livros são de pouca serventia, pois normalmente a defasagem de tempo entre pensamento, escrita e publicação é superior a quatro anos, ou seja, dificilmente a obra trará elementos atuais o suficiente para sensibilizar o leitor de um problema relevante. Outra fonte bastante importante para justificativa do problema são as "literaturas cinzentas", caracterizadas principalmente por relatórios e informações publicadas pelas organizações. De acordo com Población et al. (2006), a literatura cinzenta é caracterizada por:

- documentos não comercializados em catálogos de editoras e livrarias ou não disponíveis em bibliotecas;

- documentos de difícil localização que, na maioria dos casos, contêm dados relevantes e importantes;
- material doméstico ou estrangeiro disponível em canais especializados, e não nos canais normais de publicação;
- conteúdo não convencional, publicação não controlada e não acessível;
- literatura produzida em todos os níveis – governamentais, acadêmicos e industriais –, em formato impresso ou eletrônico.

O suporte de textos para os procedimentos operacionais da pesquisa é oriundo de livros de métodos de pesquisa (qualitativa ou quantitativa) e também de artigos científicos e teses que inovaram na criação ou adaptação de procedimentos operacionais da pesquisa. Pesquisadores principiantes tendem a ousar menos, ou seja, seguem procedimentos predominantemente descritos em livros; já pesquisadores mais experientes tendem a ousar mais, replicando métodos novos ou procedimentos que foram adaptados recentemente por outros pesquisadores, publicados em artigos científicos ou teses.

Após esses primeiros parágrafos, segue-se uma breve lista de fontes de informação utilizadas pelos pesquisadores: artigos científicos, livros, artigos não científicos, teses e literatura cinzenta. Deve-se destacar que a qualidade desses insumos da pesquisa, dessas fontes de informação, afetará diretamente a qualidade do resultado proporcionado pela pesquisa científica, e isso torna a atividade de seleção dos insumos extremamente importante para o pesquisador. Além de importante, ela é bastante desafiadora, considerando o contexto da sociedade da informação ainda em constituição, caracterizada pela proliferação de informações na Internet, em especial da informação imprecisa, fora do contexto, desatualizada, de pouca coesão, prolixa e impregnada de outras características da informação de pouca qualidade (DAVENPORT, 2002).

Para que o pesquisador possa superar o desafio de encontrar informações apropriadas para sua pesquisa, nos capítulos dessa primeira parte do livro são discutidas:

- técnicas para melhor utilização dos critérios de pesquisa e procedimentos operacionais dos motores de busca dos repositórios institucionais, ou seja, melhor capacitação dos pesquisadores em utilizar as ferramentas adequadas para encontrar os conteúdos necessários para pesquisa;

- técnicas para análise da qualidade das revistas científicas, permitindo ao pesquisador distinguir fontes de publicação de qualidade das demais fontes;
- técnicas para navegação no próprio acervo pessoal do pesquisador. Quanto mais experiente e mais pesquisas acumuladas o pesquisador possuir, maiores serão as dificuldades para gerir seu próprio acervo pessoal de informação.

Esses três conjuntos de técnicas são discutidos, respectivamente, no Capítulo 1, no Capítulo 2 e no Capítulo 4. No Capítulo 3, são descritas as ferramentas tecnológicas e as ações públicas brasileiras em prol do desenvolvimento de ambientes tecnológicos para as revistas científicas e os repositórios institucionais. A proliferação de repositórios institucionais e das revistas científicas aumenta a probabilidade de utilização e também a importância das três técnicas discutidas nos Capítulos 1, 2 e 4. Assim, esta primeira parte do livro é composta pelos capítulos:

CAPÍTULO 1
BUSCA POR TEXTOS CIENTÍFICOS: CRITÉRIOS DOS
"MOTORES DE BUSCA"   7

CAPÍTULO 2
CRITÉRIOS PARA ANÁLISE DA QUALIDADE DE REVISTAS
CIENTÍFICAS   17

CAPÍTULO 3
DESENVOLVIMENTO DE REPOSITÓRIOS INSTITUCIONAIS E
REVISTAS CIENTÍFICAS   25

CAPÍTULO 4
BUSCA NO ACERVO PESSOAL   33

BUSCA POR TEXTOS CIENTÍFICOS: CRITÉRIOS DOS "MOTORES DE BUSCA"

Os repositórios de textos científicos aprimoram-se continuamente no provimento de softwares mais fáceis e eficazes para busca de textos, contemplando critérios variados de seleção que possam atender as mais diversas demandas dos usuários. Os investimentos em hardware, software e profissionais especializados são bastante altos, e por isso nem todos os repositórios de artigos científicos possuem toda diversidade de facilidades.

1.1 CRITÉRIO PARA SELEÇÃO A PARTIR DO *TÍTULO* E *RESUMO*

As pesquisas mais comuns, simples e diretas ocorrem por *título* do documento e/ou pelo nome do *autor*. Pesquisas por esses dois critérios de busca estão presentes nos motores de busca de todos os repositórios de artigos científicos. Na sequência de critérios mais comuns disponíveis nos motores de busca está o *resumo*, ou seja, a palavra ou palavras ou sequência exata de palavras (se as palavras estiverem entre aspas) que devem estar presentes no *resumo*. Esse já é um recurso que serve para calibrar melhor a seleção em termos de retorno mais específico. Uma pesquisa com uma palavra específica no critério *título*, com pequeno retorno, pode ser refeita com maior retorno aplicando a mesma palavra no campo *resumo*. Veja os exemplos da Figura1.1: depois de uma pesquisa na base de artigos científicos pelo termo "*e-business*" no *título*, o retorno foi de nove artigos, e em uma pesquisa com a mesma palavra no *resumo*, o retorno passou para 18 artigos. Ao realizar uma pesquisa mais específica e restritiva, associando mais uma palavra na sequência exata – e entre aspas, como "*e-business adoption*" – o retorno decresceu para dois artigos.

ELABORAÇÃO DE PESQUISA CIENTÍFICA

FIGURA 1.1 – Exemplos de pesquisas aplicando os critérios *título* e *resumo*

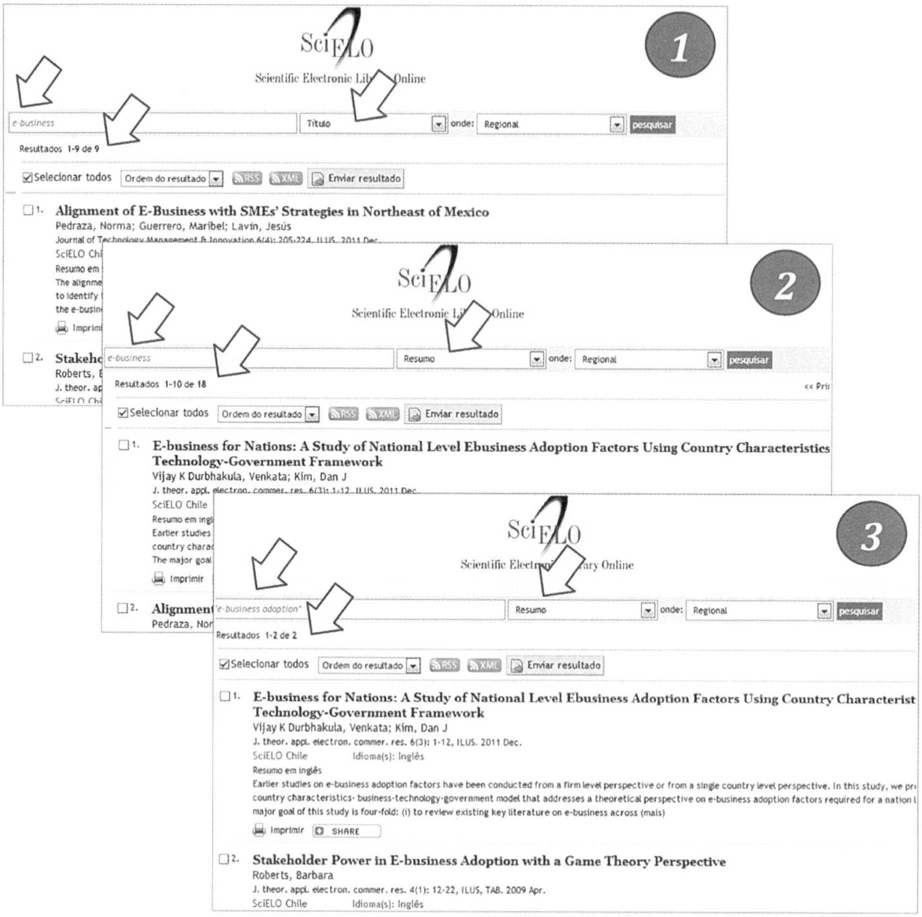

Fonte: SciELO. Disponível em: <http://www.scielo.org>. Acesso em: 10 maio 2013.

1.2 CRITÉRIO PARA SELEÇÃO A PARTIR DO CORPO DE *TEXTO DO DOCUMENTO*

Para obter melhores resultados nos esforços de busca por textos, o pesquisador precisa conhecer os diversos critérios de seleção do motor de busca para melhor compor os comandos de pesquisa, a fim de não ter que lidar com grandes quantidades de texto – ou para que não ocorra a situação oposta, em que pode haver pouquíssimos textos para leitura e análise. Por exemplo, uma pesquisa no repositório que gere pequeno retorno, em que se utiliza o critério *título* e depois o critério *resumo*, deve trabalhar com um critério mais abrangente e menos restritivo. Uma ideia é utilizar o critério *texto do documento*, ou seja, o texto digitado será pesquisado na extensão de todo o artigo. O repositório ProQuest permite a busca por esse critério, conforme se observa no exemplo descrito a seguir, na Figura 1.2. Observa-se que o termo pesquisado foi "*supply chain management*", e o critério de pesquisa foi *texto do documento*.

FIGURA 1.2 – Exemplos de pesquisa pelo critério de busca *texto do documento*

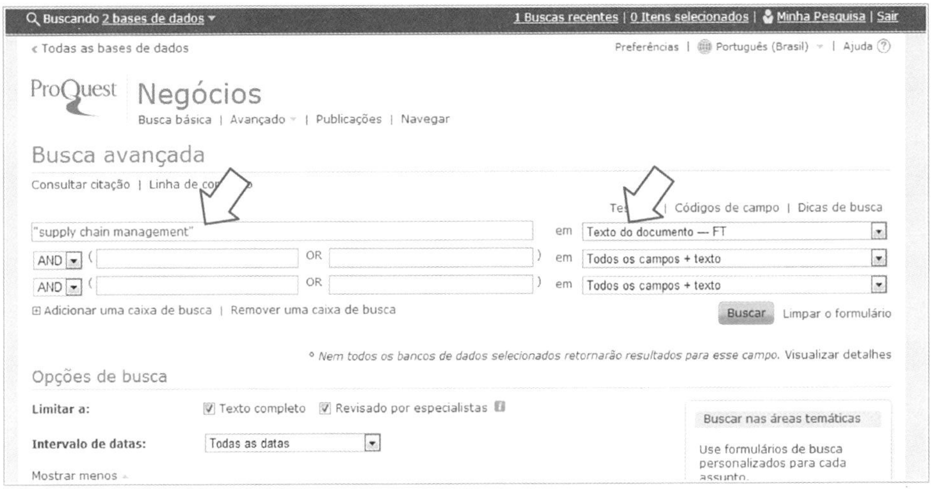

Fonte: ProQuest. Disponível em: <http://www.proquest.com>. Acesso em: 10 maio 2013.

Para compreensão do potencial de filtragem dos diferentes critérios de pesquisa, realizou-se a pesquisa para o termo "*supply chain management*" aplicando-o aos critérios *texto do documento*, *resumo* e *título*. Os retornos gerados foram, respectivamente: 6.141, 642 e 308 artigos identificados.

1.3 CRITÉRIO PARA SELEÇÃO APENAS DE TEXTOS CIENTÍFICOS (*PEER REVIEWED*)

Um aspecto importante a ser observado na pesquisa descrita na Figura 1.2 é a opção *revisado por especialistas*, que está ativa no exemplo. Muitos dos repositórios mais atrativos armazenam textos científicos como artigos e teses, além de armazenarem textos não científicos, como revistas semanais (*Time* e *Newsweek*) e jornais diários. A busca de textos para fins de pesquisa científica requer a seleção da opção *revisado por especialistas* (*peer reviewed*). Isso assegurará apenas o retorno de artigos que passaram pelo crivo do rigor do método científico. No centro da qualidade da informação científica está o processo denominado de *peer review* (revisado por pares), fundamentado no processo *double blind review* (revisão duplamente "cega"). Nesse processo, especialistas no tema do artigo o avaliam sem conhecimento da autoria (primeiro aspecto "cego"), enquanto os autores dos artigos não são informados dos nomes dos avaliadores (segundo aspecto "cego" do processo).

1.4 CRITÉRIO PARA SELEÇÃO A PARTIR DO *ASSUNTO*

Uma forma pela qual a ciência da informação pode facilitar o acesso e a recuperação de documentos é o vínculo de cada novo documento do repositório a um conjunto de assuntos (*subject areas* ou *subject terms*). Os repositórios mais sofisticados possuem softwares de taxonomia que identificam os caracteres digitais que compõem cada palavra contida no corpo do documento. Essas palavras são categorizadas como nome, pronome, verbo, advérbio e assim por diante. Considerando que a fala e o documento escrito seguem padrões previsíveis e que os textos bem redigidos contêm palavras que são colocadas em sequências repetitivas e padronizadas, há um contexto favorável à aplicação de softwares de taxonomia para atividade de classificação. O software de taxonomia não necessita entender o significado semântico da língua: ele simplesmente emprega recursos estatísticos para tratar os padrões de um diálogo ou texto significativo.

Para operação desse critério no motor de busca, basta indicar as palavras que caracterizam o assunto a ser pesquisado e escolher como critério a opção *assunto*. Por exemplo, a escolha da palavra "serviços" e a seleção do critério *assunto*, conforme indicado, a seguir, na Figura 1.3, fará que o motor de busca apresente a lista de artigos que atendem a esse critério, tendo como cabeçalho a lista de assuntos correlacionados.

Analisar a árvore de termos taxonômicos associados ao repositório permite ao usuário ter uma boa noção de temas/assuntos contemplados e não contemplados pelo repositório. É uma boa dica para achar sugestões de termos a serem utilizados nas pesquisas.

FIGURA 1.3 – Exemplos de pesquisa pelo critério de busca *assunto (subject - SU)*

Fonte: ProQuest. Disponível em: <http://www.proquest.com>. Acesso em: 10 maio 2013.

1.5 CRITÉRIO PARA SELEÇÃO A PARTIR DO *NOME DA FONTE*

Entre os critérios de pesquisa disponíveis em alguns repositórios está o *nome da fonte*: nas pesquisas científicas, geralmente é um periódico (*journal*). Por exemplo, imagine que você se recorda de uma das palavras do *título* de um artigo o qual deseja recuperar do repositório, no caso "*sense-making*". Sabe-se, também, que tal artigo foi publicado em um *journal* cujo nome contempla a expressão "*Knowledge Management*". A Figura 1.4 apresenta os dois critérios de pesquisa que atendem essa situação: *nome da fonte* (*SO Source*) e *título* (*TI Title*). Para o exemplo da pesquisa descrita na figura utilizou-se o motor de busca do repositório de artigos científicos EBSCO.

FIGURA 1.4 – Exemplo de pesquisa simultânea com dois critérios: *nome da fonte* e *título*

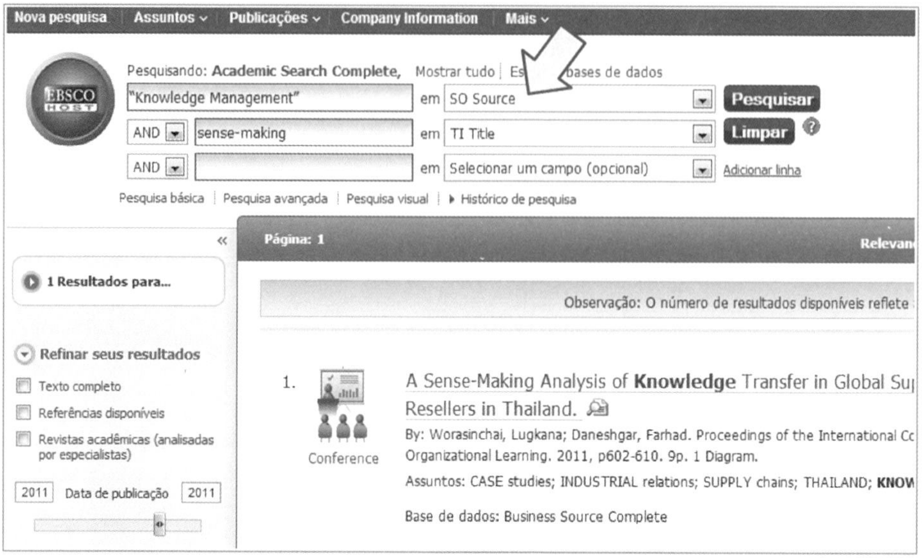

Fonte: EBSCO. Disponível em: <http://www.ebsco.com>. Acesso em: 10 maio 2013.

1.6 CRITÉRIO PARA SELEÇÃO A PARTIR DO *INTERVALO DE DATAS DA PUBLICAÇÃO*

Observe que na Figura 1.2, na parte inferior do motor de busca do ProQuest, há uma opção denominada *intervalo de datas*. Na Figura 1.5, referente ao motor de busca do EBSCO, na parte inferior esquerda há a opção *data de publicação*. Esses recursos permitem definir *intervalo de publicação* como critério para análise e seleção dos documentos do repositório. Isso é bastante útil em muitas situações – como no campo da gestão, quando se deve analisar a aplicação de determinada teoria ou prática empresarial ano a ano.

1.7 CRITÉRIO PARA SELEÇÃO A PARTIR DO *TÍTULO DA REVISTA* E *ASSUNTO DA REVISTA*

As revistas científicas podem ser acessadas na íntegra, assim como na versão tradicional em papel. Pode-se pesquisar por revistas que tenham determinada palavra ou expressão na constituição de seu *título*, pedir a exibição da coletânea de todos os seus números organizados por volume e até mesmo programar um "robô" para notificar o usuário da publicação eletrônica de um novo número da revista no repositório.

A Figura 1.5 apresenta uma tela do motor de busca do ProQuest específica para pesquisa por revista, considerando critérios como *título da revista* e *assunto da revista*. A pesquisa especificada no motor de busca descrito na Figura 1.6 seleciona apenas as revistas que tenham como parte integrante do seu nome a expressão *"knowledge management"*. Observe que o motor de busca encontrou cinco revistas, e no lado direito da tela há um detalhamento destas: duas são revistas científicas, duas são revistas comerciais e uma é revista de entretenimento.

FIGURA 1.5 – Exemplo de pesquisa por *título* e *assunto* para publicações/revistas

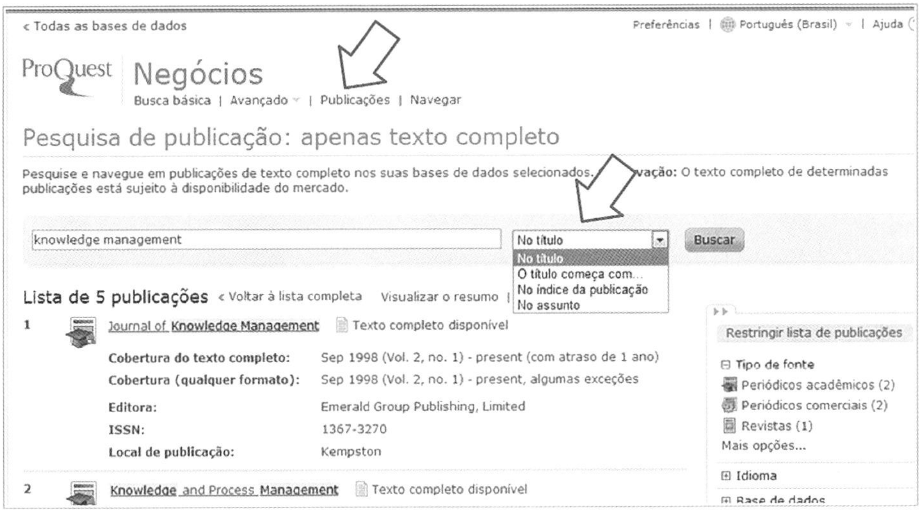

Fonte: ProQuest. Disponível em: <http://www.proquest.com>. Acesso em: 10 maio 2013.

1.8 PROCEDIMENTOS PARA CONFIGURAÇÃO DE ALERTAS (PESQUISA VIA "ROBÔ"/SOFTWARE AGENTE)

Imagine a situação de um pesquisador que queira realizar uma pesquisa no repositório abordando artigos associados ao *assunto* gestão do conhecimento no setor aeroespacial. Ele quer ser notificado pelo repositório de todo novo artigo publicado que mencione no *texto do documento* a palavra "Embraer" e, no *assunto* (*subject area*), *"knowledge management"*. A Figura 1.6 traz a sequência de eventos necessários, segundo a lógica de operação do repositório ProQuest. Em um primeiro momento, a pesquisa é realizada (primeira tela), e na tela de apresentação dos resultados da pesquisa (segunda tela), há uma função denominada *criar alerta*. Quando essa função é selecionada, uma nova tela se abre (terceira tela), que permite indicar o endereço de e-mail que receberá os resultados da pesquisa, a periodicidade de execução da pesquisa e o título do e-mail a ser encaminhado com o resultado da pesquisa.

FIGURA 1.6 – Configuração de alertas para ocorrências de interesse no repositório

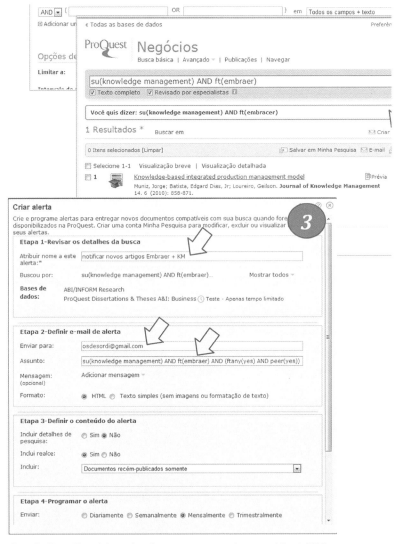

Fonte: ProQuest. Disponível em: <http://www.proquest.com>. Acesso em: 10 maio 2013.

1.9 PROCEDIMENTOS PARA CLASSIFICAÇÃO DOS RESULTADOS GERADOS PELA PESQUISA

A lista com os resultados da pesquisa pode ser classificada segundo alguns critérios. No repositório ProQuest, há a possibilidade de classificar por relevância, data de publicação (mais antigo primeiro) ou data de publicação (mais recente primeiro). No repositório EBSCO, além dessas opções, pode-se classificar os resultados pela ordem alfabética do nome da revista ou pelo nome dos autores. Os critérios de relevância desses repositórios não utilizam o fator de impacto ou o índice H: são indicadores gerados pelo próprio repositório, mensurando o total de citações a cada artigo, considerando todos os artigos armazenados no próprio repositório. Por essa razão, na maioria das situações, o critério mais utilizado para classificação dos resultados acaba sendo a publicação mais recente ou a publicação mais antiga.

Para melhor compreensão do potencial de abrangência de cada um dos critérios de pesquisa discutidos neste capítulo, na Tabela 1.1 são apresentados os resultados obtidos (quantidade de artigos) para a pesquisa de um mesmo termo: "*knowledge management*".

TABELA 1.1 – Resultados considerando um mesmo termo e diferentes critérios de pesquisa

CRITÉRIO DE PESQUISA	TERMO: *KNOWLEDGE MANAGEMENT*
Expressão exata no *título* TI ("*knowledge management*")	702
Palavras presentes no *título* TI (*knowledge management*)	860
Expressão presente no *resumo* AB ("*knowledge management*")	1.206
Palavras presentes no resumo AB (*knowledge management*)	3.441
Assunto com a expressão exata SU ("*knowledge management*")	2.075
Assunto com as palavras SU (*knowledge management*)	2.339
Expressão exata presente no texto FT ("*knowledge management*")	6.387

2

CRITÉRIOS PARA ANÁLISE DA QUALIDADE DE REVISTAS CIENTÍFICAS

O artigo científico é a expressão maior de atualidade e qualidade das pesquisas científicas. As boas pesquisas científicas são comunicadas para a sociedade na forma de artigos científicos, publicados em revistas científicas de expressão. Os bons artigos científicos citam, predominantemente, outros artigos científicos, estabelecendo um ciclo recursivo de artigos, cooperando com a geração de novos artigos científicos. Assim, os pesquisadores e cientistas profissionais têm o artigo científico como elemento fundamental para suas atividades. Esse tipo de artigo é a fonte e o meio para a necessária atualização contínua dos pesquisadores e o protocolo de comunicação entre eles (comunicação entre pares), além de configurar-se como importante forma para externalização e entrega de valor da comunidade científica à sociedade.

Os artigos científicos estão diretamente associados às revistas científicas. As revistas científicas tradicionais, empregando a mídia papel, eram trabalhosas de serem produzidas dentro dos prazos de publicação estipulados pela editoria e muito onerosas às instituições. Com o advento da Internet e as facilidades do ambiente digital, a gestão, a publicação e o acesso às revistas científicas tornaram-se mais ágeis, fáceis e menos onerosas. Isso proporcionou um crescimento acentuado de quantidade das revistas científicas publicadas no século XXI.

A disponibilidade de textos na Internet e as facilidades desse ambiente como um todo trouxeram enormes benefícios à ciência e aos pesquisadores. Um novo desafio criado por esse ambiente é a seleção das fontes de informação adequadas à pesquisa, considerando a grande e crescente diversidade de fontes de informação científica dos mais diversos níveis de qualidade. A pergunta de muitos pesquisadores iniciantes é como saber se uma revista científica tem qualidade suficiente para que eles possam utilizar seus artigos – para, por exemplo, alicerçar a malha teórica da pesquisa.

Este capítulo procura explicar como averiguar a qualidade de uma revista científica, apresentando os dois métodos mais difundidos para avaliação de revistas científicas:

a) o indicador *fator de impacto* (FI), divulgado via "relatório de citações às revistas acadêmicas", mais conhecido como *Journal of Citation Report* (JCR), que é calculado e publicado pela editora Thomson, e

b) o índice H, calculado e publicado pela editora SCOPUS e, mais recentemente, por outras organizações – como o Google.

A seguir, há a descrição e os comentários sobre os algoritmos de cálculo desses dois indicadores.

2.1 FATOR DE IMPACTO (FI)

O FI tem sido o indicador mais frequentemente utilizado por administradores da ciência no Brasil e no mundo, para fins de avaliação de revistas e da produção científica. O cálculo do FI de determinado periódico é definido pela razão entre o número de citações recebidas no ano corrente aos artigos publicados pelo periódico nos dois anos anteriores e o número total de artigos publicados pelo periódico nesses mesmos dois anos anteriores. Matematicamente, temos a seguinte fórmula para cálculo do FI:

$$FI = \frac{\sum \text{citações recebidas no ano X a artigos publicados pela revista no biênio } (X{-}2) \text{ a } (X{-}1)}{\sum \text{artigos publicados pela revista no biênio } (X{-}2) \text{ a } (X{-}1)}$$

Na Figura 2.1 há um exemplo de cálculo do indicador FI para a revista científica brasileira *Journal of Venomous Animals and Toxins including Tropical Diseases*. Na figura, também estão descritos os valores das variáveis da revista necessárias para o cálculo. Observe que o fator de impacto é calculado para 2007, assim: $X = 2007$, $X{-}2 = 2005$ e $X{-}1 = 2006$, ou seja, o biênio analisado é 2005-2006. Neste período, a revista publicou 94 artigos, dos quais 46 foram publicados em 2006 e 48 publicados em 2005. Assim, o denominador da fórmula é 94. Durante 2007, esses 94 artigos do biênio foram citados 41 vezes, das quais 24 foram citações aos artigos de 2005 e 17 citações aos artigos de 2006. Assim, o cálculo do FI é obtido pela equação 41 / 94, que resulta no valor 0,436. Matematicamente, a leitura desse indicador ocorre da seguinte forma: os artigos publicados pela revista nos anos de 2005 e 2006 receberam, aproximadamente, meia citação no ano de 2007. Para que se fique mais coerente com a realidade, considerando que não existe meia citação, pode-se afirmar que, de cada dois artigos publicados pela revista nos anos de 2005 e 2006, um foi citado no ano de 2007.

A base de artigos científicos pesquisados para averiguação, contagem e registro de qual artigo cita a qual outro artigo, é o repositório *Web of Science* (WoS), administrado pela editora Thomson. Qualquer que seja a abrangência da base pesquisada, sempre será uma limitação natural do indicador, seja por não abranger algumas revistas, seja por abranger revistas de qualidade científica duvidosa ou qualquer outro questionamento. O fato é que todo indicador dessa natureza sempre será questionado em diferentes aspectos.

FIGURA 2.1 – Exemplo de indicadores de revistas científicas associados a citações recebidas

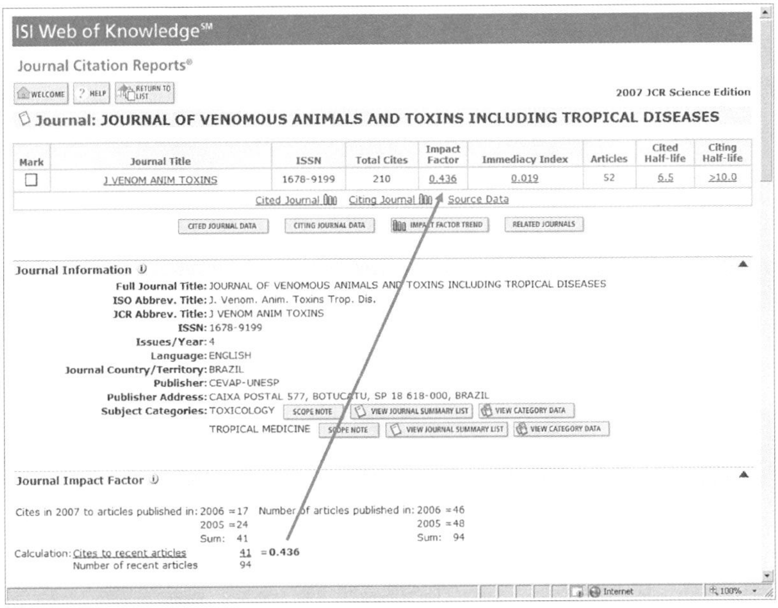

Fonte: Adaptado de ISI Web of Knowledge.

Além do FI (*Impact Factor*), o relatório de citações às revistas acadêmicas (JCR) apresenta outros dois importantes indicadores: *vida-média das citações* (*Journal Cited Half-life*), que indica a quantidade de tempo que deve se retroceder para alcançar 50% do total de citações recebidas pela revista, e o índice de imediatez (*Journal Immediacy Index*), que descreve a frequência na qual os artigos publicados são citados no mesmo ano da publicação. A Figura 2.2 apresenta o detalhamento desses dois indicadores para a mesma revista estudada no exemplo anterior e para o mesmo período: 2007. Observa-se que a revista publicou 52 artigos em 2007 e recebeu uma citação no mesmo ano, o que implica em índice de imediatez igual a 0,019. Do total de 52 citações identificadas pelo software para a revista em questão, durante todos os anos analisados, verificou-se que 50% delas ocorreram até meados de 2001. Assim, o índice vida-média das citações é igual a seis anos e meio (de 2007 até meados de 2001).

O indicador vida-média das citações serve para indicar o grau de qualidade atual da revista. Se para uma revista o valor desse indicador for muito alto, isso significará tratar-se de uma revista decadente, com decréscimo da quantidade média de citações ao longo dos últimos anos. Quanto menor o valor para o indicador vida-média das citações, mais atual será a revista e mais vigor terá a publicação, ou seja, maior será o volume de citações recentes. O índice de imediatez é mais útil para identificar as áreas da ciência que apresentam rápido avanço científico no que diz respeito à reciclagem e ao descarte dos conhecimentos; por exemplo, para a engenharia biomolecular, a reciclagem pode ocorrer tão rapidamente que citar artigos de 12 meses atrás não fará muito sentido – seria como ler o "jornal de ontem".

FIGURA 2.2 – Exemplo dos indicadores vida-média das citações (*Journal Cited Half-life* e índice de imediatez (*Journal Immediacy Index*)

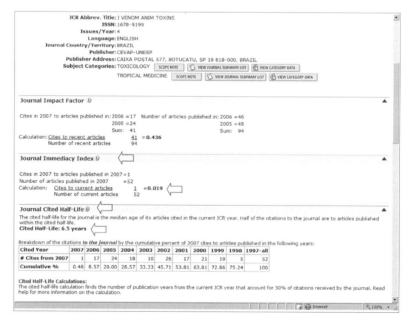

Fonte: Adaptado de ISI Web of Knowledge.

2.1.1 Importância de contextualizar os indicadores do JCR por áreas da ciência

A utilização do FI como representação do impacto da revista na sociedade científica está associada a duas premissas (SOARES, 2009):

a) as publicações relevantes são frequentemente citadas e
b) o conjunto de revistas indexadas pelo WoS é suficiente e representativo para análise do contexto de publicações relevantes que ocorrem mundialmente.

Huth (2001, p. 16) salienta que "o FI representa os resultados finais de um conjunto complexo de variáveis. As pessoas que consultam o FI não podem desconsiderar esta complexidade". Nessa contextualização necessária deve ser considerada, por exemplo, a proporcionalidade do número de citações médias presentes nos artigos de cada área (densidade da área em termos de citações). As áreas de engenharia e matemática citam poucas referências por artigo, em média entre 5 e 6. A psicologia e a biologia tem a média entre 8 e 10 referências por publicação, enquanto a área da biomédica apresenta uma média entre 18 e 20 referências por publicação (SOARES, 2009).

Outro aspecto importante aser contextualizado é o *ritmo de obsolescência* da literatura em cada área, que interfere diretamente no cálculo do FI. Áreas da ciência com obsolescência mais lenta, com tradição em citar textos mais antigos, terão FI mais baixo, dado que esse indicador considera apenas as publicações ocorridas nos dois anos pós-publicação. O maior volume de citação de muitas áreas da ciência ocorre bem depois dos dois primeiros anos de publicação (STREHL, 2005).

Indicadores de revistas de diferentes áreas da ciência não são proporcionais e não devem ser comparados, considerando as diferenças já comentadas no que diz respeito à quantidade de citações realizadas em cada artigo e o período de tempo em que as citações costumam ocorrer em relação à data de publicação do artigo. Assim, para considerar uma revista científica de alto ou baixo impacto não basta apenas ler o número do indicador: deve haver a interpretação desse número perante o contexto da área da revista.

2.2 ÍNDICE H

"Eu proponho o índice H, definindo-o como o número de 'h' trabalhos com número ≥ a 'h' citações, como um índice útil para caracterizar a produção científica de um pesquisador." (HIRSCH, 2005, p. 16.569). Embora a proposição de Hirsch tenha sido elaborada pensando em avaliar o pesquisador, o índice H (*H-index*) também é muito empregado para avaliar a qualidade das revistas científicas.

A frase da proposição do índice H já é bastante esclarecedora quanto ao método de cálculo. Para que isso fique mais evidente, imagine o seguinte procedimento:

1. Crie uma lista de quantidade de citações recebidas para cada um dos artigos publicados pela revista. A lista deve ser criada em ordem decrescente.
2. Crie uma tabela com duas colunas: a primeira é um numerador incremental simples, iniciando em um e sendo acrescido em uma unidade a cada linha.
3. Na segunda coluna, transcreva os valores numéricos da lista de quantidade de citações geradas no primeiro passo.
4. Leia a tabela gerada, linha por linha: a leitura deve ocorrer enquanto o valor da primeira coluna for menor que o valor da segunda coluna. Para a última linha que obedeça essa condição, anote o número da linha (valor da primeira coluna); esse será o valor do índice H da revista.

O software livre "Harzing's Publish or Perish" realiza o cálculo do índice H, tanto para revistas quanto para pesquisadores. Utilizamos esse software para calcular o índice H para a mesma revista brasileira utilizada para exemplificar os indicadores do JCR – a mencionada revista científica *Journal of Venomous Animals and Toxins including Tropical Diseases*. A Figura 2.3 apresenta os resultados do software. Observe que até a 22ª linha, os critérios da regra são atendidos, e que na 23ª linha o valor das citações é 22, ou seja, o número da primeira coluna não é maior ou igual ao valor da segunda coluna (quantidade de citações). Dessa forma, a última linha a atender o critério é a linha 22, o que resulta em um índice H igual a 22. Isso significa que essa revista possui 22 artigos com pelo menos 22 citações, o que está compatível com as informações descritas na figura.

FIGURA 2.3 – Exemplo de planilha para cálculo do índice H

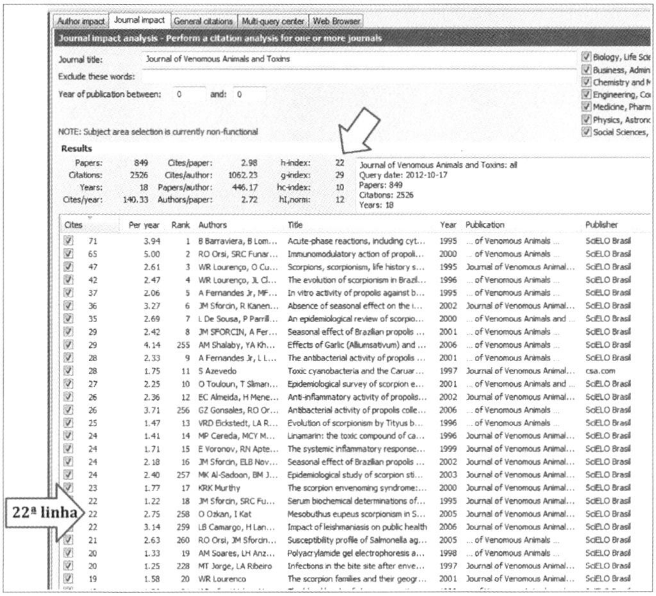

Fonte: Harzing's Publish or Perish. Disponível em: <http://www.harzing.com/index.htm>. Acesso em: 10 maio 2013.

Os mesmos aspectos de contextualização e críticas elaboradas aos indicadores do JCR se aplicam ao índice H: a média de citações em um artigo conforme a área e o ritmo de obsolescência. Nos indicadores JCR, a base de pesquisa sempre são repositórios de revistas científicas, no caso, as revistas científicas disponíveis no repositório WoS. Para o índice H, um aspecto bastante importante é o local de leitura das citações à revista – provenientes de quais textos de quais procedências; normalmente, são os textos disponíveis no Google Acadêmico. Trata-se de uma base com menor critério para publicação, abrangendo trabalhos discentes de diferentes níveis estudantis, sem os mesmos critérios e rigor da análise por pares, como ocorre com as revistas científicas do WoS. Resumindo, podem ser citações a artigos da revista provenientes de "textos científicos" pouco representativos.

O índice H, por ser mais fácil de calcular e entender que os índices do JCR e por também ser útil para a avaliação de pesquisadores, tende a tornar-se mais difundido. O aspecto importante a ser declarado e observado para todo índice H calculado é a base de textos pesquisada para extração do total de citações atreladas aos artigos de cada revista ou pesquisador. A qualidade da base utilizada para pesquisa indicará os fins possíveis de uso.

3

DESENVOLVIMENTO DE REPOSITÓRIOS INSTITUCIONAIS E REVISTAS CIENTÍFICAS

O desenvolvimento colaborativo das tecnologias de comunicação e de computação ocorrido nos últimos anos proporcionou o que se convencionou denominar Tecnologias da Informação e Comunicação (TIC). As TIC constituíram o principal propulsor da transformação social contemporânea. Esse novo paradigma social, denominado de "sociedade da informação" (TOFFLER, 1980) ou "era da informação", caracteriza-se pelo aumento sensível da capacidade de geração de conhecimento, de processamento da informação e de comunicação de símbolos (CASTELLS, 2007).

Universidades, centros de pesquisas e demais entidades tipicamente voltadas à geração do conhecimento estão sendo amplamente influenciadas pela introdução das TIC. O repositório institucional resulta dessa nova realidade e é "projetado para colecionar, administrar, distribuir e conservar os ativos digitais da organização, por exemplo, as publicações científicas e materiais das pesquisas dos docentes das universidades que desenvolvem pesquisas" (SMITH, 2002, p. 1).

Os repositórios institucionais em uso no meio acadêmico são ferramentas tecnológicas centradas em dados, com estrutura e propósito geral, no âmbito interno da organização, muito semelhantes às aplicações de gestão de conteúdo (*e--content*) utilizadas no ambiente empresarial. Aplicações para gestão de conteúdo são utilizadas na sua plenitude, para maior utilização de suas funcionalidades, pelas empresas que trabalham com estratégias direcionadas ao conhecimento (*knowledge based strategy*), como aquelas dos segmentos de negócios de consultoria, desenvolvimento de softwares, projetos de engenharia e outros, que têm o conhecimento como recurso principal.

A maior presença de repositórios institucionais nas instituições de ensino e pesquisa é decorrente de inovações tecnológicas – mais especificamente, da grande presença da Internet na sociedade e de ferramentas (softwares) para criação dos repositórios.

3.1 TECNOLOGIAS

Muitos dos modernos repositórios institucionais estão sendo construídos dentro do conceito de interoperabilidade denominado OAI-PMH (*Open Archives Initiative – Protocol for Metadata Harvesting*), que tem como características: estruturas de dados codificadas em XML (transmitidas em HTML) e metadados sobre os conteúdos da pesquisa no formato Dublin Core.

Para disseminação dos repositórios entre as universidades brasileiras, o Instituto Brasileiro de Informação em Ciência e Tecnologia (IBICT) tem realizado diversas iniciativas. No final de 2008 e no primeiro trimestre de 2009, foram publicados editais direcionados às instituições públicas de ensino e pesquisa, com programas de pós-graduação reconhecidos pela Coordenação de Aperfeiçoamento de Pessoal de Nível Superior (CAPES), com o objetivo de prover a infraestrutura tecnológica para o desenvolvimento de seus repositórios. As propostas vencedoras recebem o "kit tecnológico", em regime de comodato, composto por um servidor pré-formatado e configurado da seguinte maneira (IBICT, 2009):

- sistema operacional: LINUX;
- sistema gerenciador de banco de dados: MySQL;
- softwares básicos: Apache e PHP;
- aplicativos: Eprints, DSpace e SEER.

O software *DSpace* é uma ferramenta específica para construção, operação e gerenciamento de repositórios institucionais e temáticos, desenvolvido pelo Massachusetts Institute of Technology (MIT) em parceria com a Hewlett-Packard (HP). Trata-se de um software *open source*, desenvolvido em Java para a plataforma Linux. No Brasil, o software é distribuído pelo IBICT, que customizou sua última versão (1.4) para a língua portuguesa. Outras ferramentas tecnológicas similares ao DSpace são o EPrints e o Fedora.

O objetivo de disponibilizar um conjunto de repositórios abrange também a perspectiva de armazenamento dos artigos de revistas científicas brasileiras no novo padrão tecnológico, beneficiando-se da interoperabilidade dos repositórios. A infraestrutura tecnológica dos repositórios que está sendo disponibilizada com o apoio do IBICT contempla um software aplicativo específico para construção e gestão de publicação periódica eletrônica (revistas eletrônicas). O software disponibilizado com a infraestrutura é o *Sistema Eletrônico de Editoração de Revistas* (SEER), resultante do trabalho do IBICT de tradução do software *Open Journal Systems* para o português e de sua customização às necessidades brasileiras. Esse software, desenvolvido pela University of British Columbia, do Canadá, utiliza os padrões de interoperabilidade segundo o modelo OAI-PMH (MORENO; LEITE e ARELLANO, 2006).

A existência da informação referente às pesquisas, principalmente na forma de artigo, é preservada na sua localidade, ou seja, no repositório – tecnicamente conhecido como provedor de dados (*data provider*) – em que o conteúdo está armazenado, que corresponde geralmente ao repositório da instituição responsável pela editoração da revista. Não há necessidades de réplica do conteúdo, como ocorre, por exemplo, nos repositórios tradicionais, como EBSCO, ProQuest e SciELO. Nesses modelos, desenvolvidos com as tecnologias disponíveis na década de 1990, o arquivo de cada artigo é copiado do ambiente da revista (*data provider*) para dentro de cada um dos meios de armazenamento do provedor de serviços de busca (*services provider*), para, posteriormente, ser catalogado e indexado, ou seja, repetem-se todas as etapas previamente já realizadas no ambiente da revista que o publicou.

A eficácia proporcionada pelo modelo OAI-PMH para busca e difusão dos metadados das produções científicas atreladas às revistas científicas permite a constituição de provedores de serviços de informações sobre pesquisas de forma mais eficaz e com menor ônus que as proposições atuais. Assim, torna-se tão viável considerar a operação de provedores de serviços de informações científicas tão abrangentes quanto oEbsco e o ProQuest, no que diz respeito aos periódicos disponíveis para consulta, como fica igualmente viável o custo de acesso aoSciELO, que disponibiliza acesso gratuito aos seus usuários.

No exemplo descrito na Figura 3.1, o provedor de serviços armazena apenas os metadados do provedor de dados. Esse provedor de serviços, ao coletar dados de diferentes provedores, que hospedam revistas científicas ou teses, gera um repositório temático – por exemplo, o repositório da ciência brasileira. O Portal Brasileiro de Acesso Aberto à Informação Científica (OASISBR) é um projeto que exemplifica bem esse cenário. Alguns projetos do IBICT disseminam a cultura e a tecnologia do OAI-PMH no ambiente acadêmico e científico brasileiro, que alicerça as condições mínimas necessárias para implementação do portal OASISBR.

FIGURA 3.1 – Macroarquitetura funcional do OAI-PMH

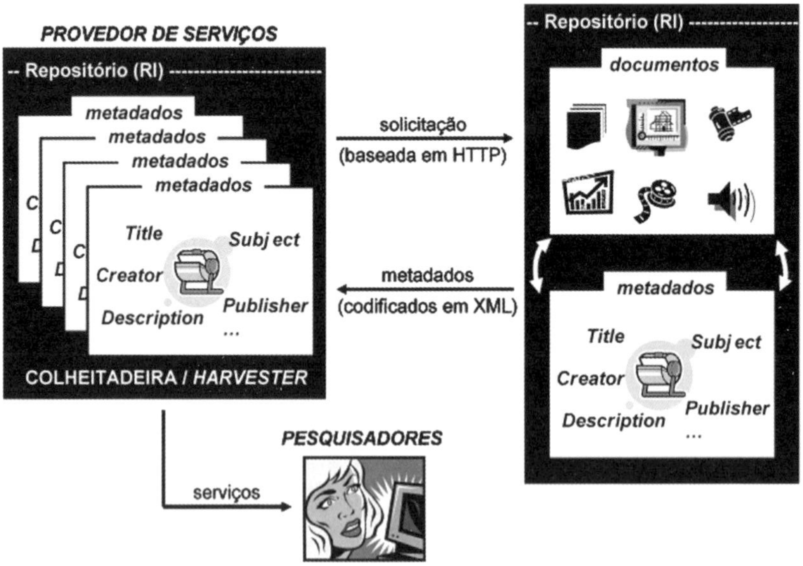

Fonte: DE SORDI; MEIRELES (2010, p. 206).

As TIC evoluíram não apenas no campo tecnológico, mas também foram introduzidas nas organizações. Já há discernimento das TIC entre os pesquisadores da área de gestão das organizações, que concordam que somente a aquisição desses recursos não basta para trazer competitividade às organizações. A vantagem estratégica obtida pela simples posse das tecnologias precursoras da TIC deixou de existir, devido à nova realidade estabelecida: disponibilidade abundante desses recursos, preços padronizados e facilidades para contratação (CARR, 2003). Outro aspecto importante é a natureza das oportunidades atuais para aplicação das TIC nas organizações. A fase de introdução da informática nas organizações, caracterizada pela automação direta de atividades rotineiras, fáceis de serem compreendidas pelos analistas de sistemas e representadas por códigos de programa, com ganhos significativos, já foi devidamente explorada, ou seja, "a colheita dos frutos baixos" já se realizou.

Segundo Castells (2007, p. 69) "as novas tecnologias da informação não são simplesmente ferramentas a serem aplicadas, mas processos a serem desenvolvidos". Atualmente, a introdução bem-sucedida de novos recursos tecnológicos (como as TIC) requer maior compreensão do negócio, o que abrange desde a capacidade de visualizar uma oportunidade para tal até definir as ações necessárias no que diz respeito ao negócio: cadeia de comando, questões relacionadas à centralização e descentralização, revisão dos papéis (qualitativo) e atores (quantitativo), integração e desenvolvimento de "alianças" com demais membros da cadeia, entre outros aspectos que necessitam ser planejados.

Proposição atual do IBICT (2009, p. 2):

> I.4.1 Os quesitos obrigatórios indicados a seguir são válidos para o presente Edital. O atendimento às mesmas é considerado imprescindível para o exame da proposta. A ausência ou insuficiência de informações sobre quaisquer delas resultará em não-enquadramento da proposta.
>
> [...]
>
> d) manifestar, formalmente, o compromisso institucional de manter conexão permanente com a Internet para garantir o acesso ao RI, a fim de viabilizar a coleta automática de metadados periodicamente pelo IBICT, com vistas a alimentar o Portal Oásis.Br.

A interoperabilidade dos repositórios institucionais e a viabilidade de dispor bons provedores de serviços de informações referentes às pesquisas científicas, sem ônus aos seus usuários, já constituem importantes ganhos à pesquisa científica. Considerando-se o âmbito interno da qualidade da pesquisa científica das instituições, o repositório pode colaborar com o direcionamento do comportamento desejável e da atenção de seus pesquisadores às dimensões da qualidade da pesquisa científica, como nas explanações feitas sobre as dimensões acurácia e contextualização da pesquisa científica. No âmbito externo, a facilidade de se observar o respeito aos atributos ineditismo e existência da informação são facilidades que colaboram com os editores das revistas, resultando em melhor qualidade das revistas científicas e também no incentivo (ou pressão) para mais atenção dos pesquisadores com relação aos princípios éticos aplicados à pesquisa científica.

A disponibilidade de provedores de informações sobre pesquisas científicas sem custos aos usuários finais, por apresentar fácil operação e manutenção do ambiente e por requerer apenas a "colheita" dos metadados de cada artigo publicado pelas revistas "hospedadas" nos repositórios institucionais, é o grande diferencial do atual modelo em constituição com relação aos desenvolvidos uma ou duas décadas atrás. Nos modelos anteriores, os custos de catalogação e indexação eram marcados pelo provedor de informações sobre pesquisas científicas, independentemente do fato de tais atividades e investimentos já terem sido realizados pelos gestores das revistas.

A possibilidade de ganhos incrementais às organizações de pesquisa que adotam o repositório no modelo OAI-PMH depende não apenas da disseminação de cultura das novas tecnologias (por exemplo, das facilidades para interoperabilidade entre repositórios proporcionadas pelo modelo adotado), mas também de outros aspectos igualmente importantes ao êxito da proposição, como a atenção aos aspectos humanos, comportamentais e processuais envolvidos.

3.2 POLÍTICAS

Toda nova "solução tecnológica" incorporada aos ambientes organizacionais sofrem algum tipo de resistência interna por diferentes razões. Soluções atreladas à introdução de recursos de tecnologia da informação remetem, por exemplo, a problemas de receios pessoais (dos futuros usuários) ligados a mais exposição e controle de suas ações. Nesse sentido, retomando a ação do IBICT para disseminação dos repositórios institucionais entre as universidades brasileiras, observa-se uma preocupação com relação a esse importante aspecto. No edital, um dos aspectos cuja declaração é obrigatória para os proponentes é a política institucional de informação (PII) do proponente (IBICT, 2009, p. 2):

> 1.4.1 Os quesitos obrigatórios indicados a seguir são válidos para o presente Edital. O atendimento às mesmas é considerado imprescindível para o exame da proposta. A ausência ou insuficiência de informações sobre quaisquer delas resultará em não-enquadramento da proposta.
>
> [...]

> b) manifestar, formalmente, o compromisso institucional de estabelecer uma política institucional de informação (PII) visando garantir a alimentação do repositório por parte de seus pesquisadores, em um prazo não superior a três meses. Caso a instituição já possua a sua política que garante a alimentação dos RI por parte dos seus pesquisadores, basta apresentá-la; [...]

O PII é uma importante entidade dentro do macrocontexto da proposição, da constituição de um conjunto de RIs. A obrigatoriedade da sua discussão pelos proponentes, ou seja, pelos gestores dos futuros "nós" a comporem a rede de RIs, assegura que cada instituição deve se ater às questões humanas, comportamentais e processuais. A discussão desses aspectos na constituição da rede de RIs, no âmbito de cada instituição – como a discussão dos comportamentos dos pesquisadores com relação ao processo de auto arquivo das evidências e publicações de suas pesquisas –, é um campo importante e promissor para futuras pesquisas relacionadas ao modelo OAI-PMH e/ou da qualidade da pesquisa científica.

Observa-se potenciais conflitos entre o PII das instituições brasileiras com a maioria das políticas e normas das revistas científicas acessíveis via repositórios institucionais particulares com acesso pago, como EBSCO, ProQuest e JStor. Se, por um lado, publicar nesses diretórios dá prestígio, em função do alto impacto das revistas científicas lá disponibilizadas, por outro, os autores deverão respeitar a política de não divulgação do artigo exigida pelas revistas. Uma vez assinado o termo de transferência de direitos, a revista e o diretório passam a ter exclusividade no controle de acesso ao artigo, que ocorrerá mediante negociação comercial, muito similar aos modelos praticados pela televisão, ou seja, por assinatura mensal perante a abrangência do pacote selecionado, por artigo e de forma individual. Daí o conflito, pois o PII da instituição pede a publicação de conteúdo da pesquisa no repositório da instituição e o repositório pago pede a exclusividade no controle de acesso ao conteúdo.

4

BUSCA NO ACERVO PESSOAL

Durante a realização da pesquisa são muitos os conteúdos manipulados pelo pesquisador. Para obter melhor desempenho em suas atividades, o pesquisador deve conhecer e praticar as técnicas de gestão da informação – entre elas, a seleção da informação dentro do seu próprio ambiente digital.[1] A seguir, há alguns exemplos de conteúdos manipulados pelo pesquisador durante a pesquisa:

- e-mails de discussão e parecer entre pares (pesquisador com pesquisador), entre executor e tutor (doutorando/mestrando com seu orientador), entre pesquisador e pessoas que são o objeto da pesquisa ou estão diretamente associadas a ele e são fontes de informação da pesquisa;
- coleta de textos científicos, como artigos, livros, relatórios e documentos. Muitos são pesquisados e "baixados" (*download*) da Internet pelos próprios pesquisadores, outros são enviados por "robôs" (softwares de busca configuráveis) disponíveis nos repositórios. Os robôs são programados para responder sobre a ocorrência de eventos percebidos pelo motor de busca permanente (software agente). Exemplo: "todo novo artigo do repositório que tenha tal palavra deve ser encaminhado para o meu e-mail";
- documentos compartilhados e desenvolvidos colaborativamente, o que pode ocorrer entre pesquisadores e seus colaboradores ou parceiros da pesquisa, entre orientador e orientando ou entre pesquisador e órgãos de fomento (este não no sentido de criação, mas de posicionamento dos avanços da pesquisa).

---

1   O próprio notebook, computador pessoal (PC) ou servidor de dados utilizado pelo pesquisador.

Se considerarmos que uma pesquisa apresenta prazo médio de 24 meses e que o pesquisador costumeiramente está envolvido em mais de uma pesquisa nesse período, torna-se muito desafiador depender exclusivamente da memória. Os desafios constantes são: recordar-se de uma informação específica, em qual documento ela é abordada e o local para acesso desse documento.

Caso o pesquisador concentre as atividades de pesquisa em uma única máquina – no seu notebook ou computador pessoal (PC), por exemplo –, o processo de seleção de conteúdo próprio fica mais fácil. O Google Desktop foi o melhor exemplo recente de ferramenta especializada na indexação e recuperação de conteúdo em ambientes digitais pessoais. Sistemas operacionais atuais incorporaram as boas funções dos softwares especializados em indexação automática de documentos. O próprio Google Desktop, lançado em 2004, foi descontinuado em setembro de 2011 em função da incorporação de suas funcionalidades nas novas versões dos sistemas operacionais.

As funções de indexação são operadas para qualquer texto lido em qualquer software: corpo de texto do e-mail, um documento anexo que foi aberto e lido, um arquivo PDF baixado da Internet ou uma página da Internet (website).

Para exemplificar a busca e seleção rápida de documentos do próprio ambiente computacional do pesquisador (desktop, PC, notebook), apresenta-se a função "Iniciar Pesquisa" do sistema operacional Windows Vista: essa função é encontrada no canto inferior esquerdo da tela, e para acessá-la basta clicar no logotipo do Windows localizado dentro de uma pequena circunferência no início da barra de ferramentas (ver Figura 4.1). No exemplo, o pesquisador queria encontrar um texto que havia lido nos últimos dias, mas lembrava-se apenas do nome do autor: Hirsch. Ao digitar o nome Hirsch no campo "iniciar pesquisa", o algoritmo do sistema operacional Windows Vista utilizou essa palavra como índice de busca, ou seja, identificou que documentos do computador possuíam a palavra Hirsch entre seus conteúdos.

O sistema operacional retornou uma lista de 20 títulos de documentos, conforme destacado na coluna da direita da Figura 4.1. Observe que o último é um e-mail, ou seja, texto digitado no corpo do e-mail: por isso, está separado em uma seção específica denominada Comunicações.

FIGURA 4.1 – Exemplo da função "Iniciar Pesquisa", do Windows Vista

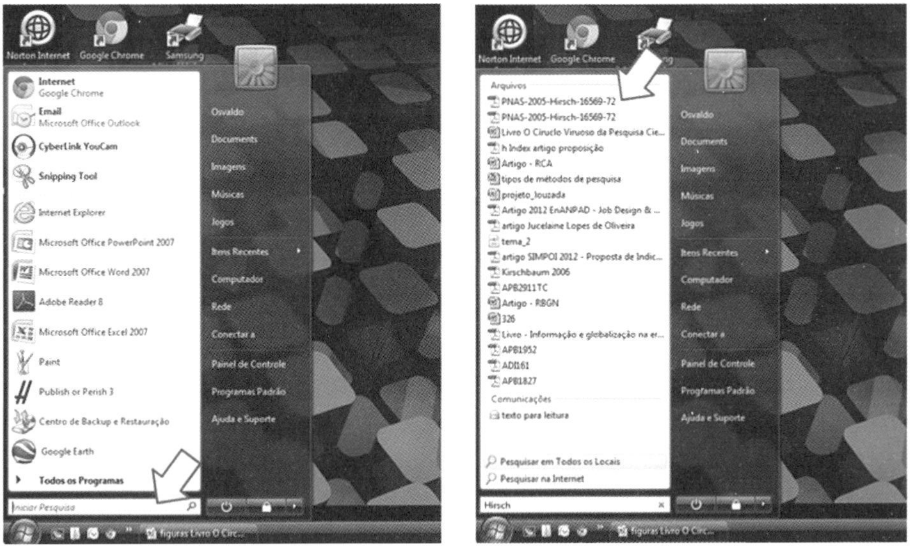

Todo sentença digitada entre aspas será pesquisada exatamente como tal, ou seja, as palavras e caracteres nos documentos pesquisados deverão estar na mesma ordem em que aparecem no campo de busca. Outra dica de operação é a pesquisa em um diretório específico e não no ambiente total da máquina pesquisada. Para isso, na tela de retorno da pesquisa (a tela do lado direito da Figura 4.1) basta clicar na opção "Pesquisar em Todos os Locais" e realizar a navegação até o diretório específico a ser pesquisado.

Uma sugestão aos pesquisadores: deve-se trabalhar o máximo possível em apenas um computador para permitir ganhos de escala no que diz respeito à pesquisa e recuperação do acervo de conteúdo pessoal. Aqueles que atuam em muitos ambientes computacionais não conseguirão obter os benefícios da pesquisa na base pessoal.

4.1 FERRAMENTAS (SOFTWARES) QUE FACILITAM A SELEÇÃO DE CONTEÚDOS NO ACERVO DO PESQUISADOR

À medida que o pesquisador desenvolver-se profissionalmente e passar a utilizar ferramentas (softwares) especializadas para suas atividades, torna-se cada vez mais fácil recuperar e selecionar conteúdos já trabalhados anteriormente e que estejam no ambiente computacional do pesquisador. A seguir, são apresentadas algumas situações envolvendo softwares que auxiliam na busca e seleção de conteúdos já desenvolvidos pelo pesquisador.

4.1.1 Softwares organizadores de conteúdo

A estrutura de diretórios dos sistemas operacionais é hierárquica, permite criar pasta, subpasta, subsubpasta e assim por diante. O tempo e a dedicação de raciocínio empregado para criação da estrutura e dos nomes da árvore de pastas auxiliarão na busca e seleção "manual" dos conteúdos do projeto de pesquisa. A Figura 4.2 apresenta uma estrutura hierárquica de pastas otimizada para um projeto de pesquisa. A ideia é criar uma estrutura mais pertinente e facilitar o processo de criação, pesquisa e reutilização futura das informações.

FIGURA 4.2 – Estrutura do diretório de pastas para armazenamento de conteúdo

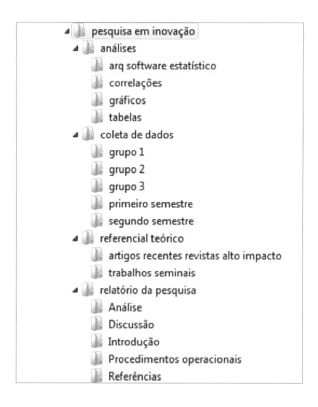

Softwares organizadores de conteúdo permitem uma visão e navegação tridimensional dentro dessa estrutura; ela deixa de ser hierárquica e passa a ser em rede. Além disso, esses softwares permitem que um conteúdo esteja associado a múltiplas pastas, e isso facilita as atividades de navegação, busca e seleção de conteúdo. Um bom exemplo de software gerenciador de conteúdo é o The Brain.[2]

4.1.2 Softwares de apoio à análise de dados qualitativos (*Computer-Assisted Qualitative Data Analysis Software* – CAQDAS)

Os softwares CAQDAS permitem armazenar grandes coleções de textos, que são codificados para geração de cálculos estatísticos dos temas codificados, ou seja, permitem a análise quantitativa de conteúdo e de informações. Muitos pesquisadores que utilizam esse software para auxiliar na interpretação dos dados textuais coletados na pesquisa percebem que as facilidades de guarda e recuperação de conteúdos podem se aplicar à gestão dos conteúdos de projetos de pesquisa como um todo. O NVivo e o Atlas.Ti[3] são exemplos de CAQDAS.

4.1.3 Softwares de apoio à análise estatística

Os dados estatísticos dificilmente são reaproveitados de uma pesquisa para outra, mas os procedimentos operacionais – o método – podem ser resgatados e replicados. Os arquivos de cálculos de pesquisas anteriores, fáceis de serem localizados e abertos nas ferramentas especializadas, podem auxiliar o pesquisador no sentido de relembrar e selecionar os procedimentos mais apropriados para pesquisa em concepção. Observe que na estrutura hierárquica apresentada na Figura 4.2 há uma pasta "arq software estatístico" criada com a finalidade de facilitar a recuperação da memória dos cálculos de pesquisas anteriores. Caso o pesquisador tenha como hábito a criação de estruturas-padrão, como aquela proposta na Figura 4.1, torna-se mais fácil a seleção e o resgate de conteúdos de projetos anteriores.

---

2   Disponível em: <http://www.thebrain.com/>.

3   Disponíveis em: <http://www.qsrinternational.com> e <http://www.atlasti.com>, respectivamente.

PARTE II

LEITURA

Só sabemos com exatidão quando sabemos pouco;
à medida que vamos adquirindo conhecimentos,
instala-se a dúvida.

Johann Goethe
Escritor, cientista e
filósofo alemão

A leitura de textos científicos é uma atividade aparentemente trivial, por termos o hábito da leitura diária; porém, ela é bastante específica e diferenciada. Uma das razões para essa diferenciação é o objetivo do texto científico: dissertar de forma convincente sobre determinado tema. Para atingir esse objetivo, os pesquisadores empregam a técnica de redação dissertativa, diferentemente dos textos de entretenimento, lazer e empresariais que empregam, predominantemente, a estrutura de redação descritiva ou narrativa. Para evitar equívocos no processo de leitura e compreensão do texto científico, o leitor deve ter conhecimento das estruturas de texto empregadas na técnica de redação dissertativa. Essas estruturas são exploradas em um dos capítulos da Parte II deste livro.

Outro aspecto importante para a eficácia do pesquisador é o reconhecimento da demanda por desempenhar diferentes tipos de leitura para obter melhor desempenho nas atividades de desenvolvimento de pesquisa. Quatro tipos de leitura são apresentadas em um dos capítulos seguintes: a leitura de primeira varredura (*scanning*) em bases digitais de textos científicos, objetivando encontrar possíveis artigos interessantes; a leitura de segunda análise desses artigos pré-selecionados, que objetiva averiguar a pertinência (*skimming*) com a demanda; a leitura de compreensão do texto e a leitura crítica e reflexiva.

Como ferramental para o processo de leitura, duas técnicas são descritas nesta parte. Para acompanhamento da evolução do objetivo das atividades de leitura, apresenta-se a técnica de mapa bibliométrico; para apoio às atividades das leituras de compreensão e crítica descreve-se a técnica de análise de conteúdo.

Assim, esta segunda parte do livro é composta por três capítulos:

CAPÍTULO 5
OS DIFERENTES TIPOS DE LEITURA   43

CAPÍTULO 6
TÉCNICAS DE APOIO AO PROCESSO DE LEITURA   47

CAPÍTULO 7
FUNDAMENTOS PARA LEITURA EFICAZ DE TEXTOS
CIENTÍFICOS 53

5

OS DIFERENTES TIPOS DE LEITURA

O pesquisador desenvolve diferentes tipos de leitura durante a realização da pesquisa, e para cada leitura há um conjunto de técnicas e ações distintas. Há muitas tipologias para leitura, mas optamos por trabalhar com quatro tipos de leitura que alcançam amplo consenso na academia; são amplamente citadas e capazes de atender às análises e discussões realizadas neste livro.

Entre as competências do bom pesquisador está o conhecimento dos diferentes tipos de leitura e as habilidades técnicas necessárias para execução de cada uma delas. No campo comportamental, o pesquisador deve dedicar-se à análise individual de cada uma das suas demandas por literatura, a fim de definir a sua prioridade bem como o tipo de leitura a ser adotado para cada situação.

A seguir, comentamos os quatro tipos de leitura com exemplos extraídos das atividades do pesquisador.

5.1 LEITURA DO TIPO *SCANNING* OU SELETIVA

A leitura do tipo *scanning* ocorre quando o leitor sabe com precisão o que está procurando e já conhece as palavras-chave, nomes ou temas de interesse a serem localizados no texto. Essa pesquisa é bastante rápida e pontual: compreende a busca por uma palavra ou frase exata dentro do texto. O leitor concentra-se exclusivamente nas partes de texto que contenham as palavras-chave, ignorando todas as demais partes.

A leitura do tipo *scanning*, na pesquisa científica, é comumente aplicada no processo de identificação e seleção de textos que abordem determinado tema, ideia, autor ou obra. Essa forma de pesquisa é 100% automatizada quando o repositório ou a ferramenta de visualização de texto permite busca pelo critério "texto do documento" (*file text*). Se essa função estiver presente no repositório, diversos textos são pesquisados de uma vez, e caso a função esteja presente apenas no software visualizador, a pesquisa deve ser feita texto por texto.

5.2 LEITURA DO TIPO *SKIMMING* OU PRÉ-LEITURA

A leitura do tipo *skimming* é rápida, superficial e extensiva a todas as seções de texto do documento. O propósito desse tipo de leitura é proporcionar a "visão geral" do texto a fim de verificar se este será relevante à pesquisa. Os procedimentos abrangem a leitura do título, do resumo e da estrutura de títulos dos capítulos e subcapítulos, para reconhecimento dos temas e conceitos abordados no texto. No caso de artigos científicos, a leitura *skimming* abrange também a leitura dos parágrafos iniciais. Trata-se de uma pré-leitura que pode evoluir para um segundo tipo de leitura mais detalhada e precisa no que diz respeito à análise e reflexão do conteúdo.

Gráficos e tabelas consolidam informações; assim, a leitura de seus títulos também é recomendada na leitura do tipo *skimming*. É uma forma rápida e eficiente de obter a noção do todo.

O pesquisador, ao realizar os dois tipos de leituras apresentadas a seguir – intensiva e crítica, sempre terá previamente passado pelas leituras *scanning* e *skimming*. Deve-se destacar que isso pode ocorrer com bom distanciamento no tempo – por exemplo, na situação em que o leitor tomou ciência e arquivou o texto, retomando o artigo ou livro tempos depois para análise e utilização em uma pesquisa.

5.3 LEITURA DO TIPO INTENSIVA

A leitura intensiva, palavra por palavra, ocorre quando são necessárias a compreensão detalhada e a retenção de ideias do texto. Sabendo que o texto aborda o tema principal a ser analisado (detectado pela técnica de leitura *skimming*), o leitor planeja o objetivo da leitura a ser realizada. Endres e Kleiner (1992, p. 15) definiram detalhadamente as etapas da leitura intensiva:

> Ter o propósito da leitura claramente definido é importante para que o leitor entre em um quadro mental apropriado para interpretá-lo. Escrever as dúvidas sobre o conteúdo

após a leitura do texto é mais um passo importante no sentido de assegurar que todas as questões relevantes serão resolvidas e pontos importantes serão lembrados.

O próximo passo ao fazer uma leitura intensiva é resumir e organizar as ideias no texto a fim de analisar temas e conceitos importantes. Assim como o leitor termina resumindo o material, deve fazer um auto-teste para medir quão bem a técnica de leitura intensiva está sendo realizada. Os testes também podem reforçar ideias e conceitos importantes que são apresentados no texto.

O último passo no processo de leitura intensiva é ter a certeza de ter respondido a todas as questões desenvolvidas em fases anteriores. Se alguma pergunta ainda está sem resposta, o leitor deve verificar novamente as partes pertinentes do texto para resolver essa questão.

As partes de texto que não são prontamente compreendidas podem requerer a busca de novos textos e leituras analíticas cuidadosas. Muitas vezes, o entendimento de um parágrafo pode demandar algumas horas de leitura, abrangendo releitura, busca e leitura de textos citados e pesquisa de termos não compreendidos, além do tempo necessário para interpretação e reflexão.

Nos textos científicos é muito comum a presença de citações, as quais podem indicar as leituras necessárias para leitores que não estejam familiarizados com alguns dos temas, ou seja, os não especialistas nas temáticas associadas ao texto em questão. As referências existem para isso: indicar uma leitura opcional aos leitores que necessitem de maior aprofundamento na temática.

5.4 LEITURA DO TIPO CRÍTICA OU REFLEXIVA

Na leitura crítica, o objetivo do leitor não é apenas assimilar informações, mas analisar e elaborar um parecer. Para isso, o leitor deve possuir conceitos e entendimentos *a priori* a serem aplicados na leitura reflexiva, ou seja, deve iniciar a leitura com um conjunto completo de compromissos teóricos para auxiliar nas atividades de análise (ALVESSON e DEETZ, 1996).

A leitura crítica estabelece a reflexão do conteúdo pelo leitor, que analisará, comparará e julgará as ideias contidas no texto. Para isso, é muito comum o leitor comparar os dados levantados e declarados no texto – com os procedimentos operacionais da pesquisa que foram destacados – com as análises e conclusões descritas no texto. Essas reflexões levam o leitor além do entendimento da informação descrita na comunicação científica, e permitem o julgamento do valor científico. Observe que a leitura crítica demanda um alto nível de concentração do leitor.

A leitura crítica é desenvolvida pelos pesquisadores no momento do desenvolvimento dos textos da seção de discussão da pesquisa, que normalmente implica em ler os resultados das análises realizadas confrontando-os com as teorias atuais, a fim de desenvolver uma reflexão. Outros exemplos de leituras críticas desenvolvidas por profissionais do meio acadêmico-científico são: os referees, que avaliam artigos encaminhados para análise pelos editores de revistas científicas; os docentes-pesquisadores, que compõem as bancas de avaliação de trabalhos de conclusão de curso (monografia, dissertação ou tese) e os pareceristas, indicados pelas editoras para avaliarem obras científicas na forma de livro.

6

TÉCNICAS DE APOIO
AO PROCESSO DE LEITURA

Como anteriormente mencionado, a primeira leitura de um texto pelo pesquisador, quando do processo de seleção de textos, é denominada leitura do tipo *scanning*. Trata-se de uma leitura rápida e superficial que verifica a pertinência do texto com o propósito declarado nos critérios de pesquisa. Como já comentado em um dos capítulos da Parte I, entre as principais demandas da pesquisa por textos destacam-se: a fundamentação teórica, a justificativa do problema e a estruturação dos procedimentos operacionais da pesquisa. Nesse ponto, há uma forte intersecção entre as atividades de seleção e leitura, considerando que, para concluir a seleção de um texto, o primeiro estágio de leitura do texto deve ocorrer. Assim, vamos considerar ao longo deste capítulo que os artigos já estão pré-selecionados, ou seja, já passaram pela primeira leitura do tipo *scanning*, que ocorre durante o processo de seleção.

O processo de seleção é considerado concluído e o processo de leitura inicia-se quando se atinge a saturação de textos, ou seja, quando há um conjunto razoável de textos já pré-selecionados para aquele tema, capaz de prover a diversidade necessária de informações que se deseja. Esse ciclo é recursivo, ou seja, das leituras abrem-se novas ideias que geram a necessidade de novas buscas (seleção) de textos. Dessa forma, o pesquisador interage naturalmente entre os processos de seleção-leitura-seleção, que compõem parte da recursividade fundamental do ciclo virtuoso do trabalho do pesquisador.

Uma técnica que auxilia no processo de indicação e acompanhamento de textos relevantes associados a cada tema e subtema é o mapa bibliométrico. Ele pode ser compreendido como o indicador de saturação, indicando quais temas ainda demandam pesquisa de textos e quais já estão considerados pela literatura pesquisada.

6.1 TÉCNICA DE MAPA BIBLIOMÉTRICO

Após a pré-leitura do texto (*skimming*), ele é descartado ou então associado a um macrotema de interesse da pesquisa – por exemplo, a justificativa do problema ou a fundamentação teórica. À medida que os artigos de um macrotema são lidos em detalhes – leitura do tipo intensiva –, uma árvore de temas vai se desvelando ao pesquisador. Por exemplo, a "justificativa do problema" pode ser decomposta em "números recentes do problema", "textos que enfatizem o problema como grave" e "textos que minimizam a gravidade do problema". Os temas são, na sequência, decompostos em subtemas; por exemplo, o tema "números recentes do problema" pode ser decomposto em "números recentes do problema no Brasil" e "números recentes do problema nos demais países emergentes".

A leitura realizada durante a pesquisa não é plena; o pesquisador dificilmente lê um texto na íntegra. É um processo distinto, por exemplo, da leitura de aprendizagem que ocorre em sala de aula, em que o aluno lê o texto na íntegra. No momento da pesquisa, o leitor-pesquisador já tem um projeto de pesquisa em sua cabeça, já domina teorias e técnicas que ele vislumbrou para conceber o projeto de pesquisa que direcionou a seleção inicial dos textos. Caso o orientador ou o próprio pesquisador perceba a necessidade de rever o projeto de pesquisa e incluir novas teorias, desconhecidas do pesquisador, aí caberá voltar ao processo de sala de aula: leitura de formação que abrange, normalmente, a leitura de textos na íntegra. Dessa forma, o que normalmente ocorre é a leitura pontual de partes do texto associados ao macrotema, tema e subtema ao qual o texto está vinculado.

Para organização e apontamento dos textos lidos, a técnica de mapa bibliométrico é a mais apropriada. Nessa técnica, as estruturas de macrotemas, temas e subtemas são descritas, assim como os textos de referência associados a cada uma dessas estruturas. A seguir, são apresentados dois mapas bibliométricos de leituras feitas com dois objetivos específicos. O primeiro, exibido na Figura 6.1, apresenta um mapa de revisão de literatura sobre a teoria "justiça comportamental nas organizações" decomposto em diversos temas e subtemas. O segundo mapa, mostrado na Figura 6.2, apresenta um mapa associado a textos que abordam diversos subtemas associados a duas variações do fenômeno de interesse da pesquisa: planejamento em condições econômicas adversas e planejamento em situação econômica estável.

FIGURA 6.1 – Mapa bibliométrico de literaturas associadas à teoria utilizada na pesquisa

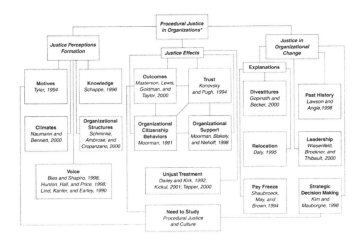

Fonte: Janovec (2001) apud Creswell (2009, p. 35).

A técnica de mapa bibliométrico é a mais expressiva do trabalho tradicional de fichamento da literatura. Hoje, não há mais as fichas e as tradicionais pastas de papel: os conteúdos são digitais (livros, artigos, teses e notícias) bem como o "fichário". Resumindo, conteúdo e ferramenta são digitais.

FIGURA 6.2 – Mapa bibliométrico de literaturas associadas ao fenômeno pesquisado

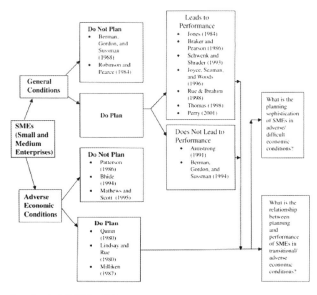

Fonte: Yussuf e Saffu (2005, p. 484).

Os mapas bibliométricos são desenvolvidos dentro de um processo evolutivo de leitura e compreensão: na fase de seleção do texto já houve uma pré-leitura (*skimming*) que criou pré-associações de diversos textos a temas do mapa bibliométrico, a serem confirmadas ou não com o processo de leitura intensiva. A leitura intensiva é mais trabalhosa, toma tempo e abrange operações de compreensão, por intermédio da codificação de partes do texto associadas aos temas de interesse. Os textos e partes do texto são codificados e recebem comentários de forma a permitir fácil recuperação das ideias, quando necessário.

A utilização efetiva das ideias de um texto se dá a partir da leitura intensiva que objetiva a compreensão detalhada e a retenção de ideias do texto. Uma técnica apropriada para esse objetivo é a análise de conteúdo, descrita a seguir.

6.2 TÉCNICA DE ANÁLISE DE CONTEÚDO

No método de pesquisa tradicional, antes da pesquisa auxiliada por computador, a codificação implicava na posse de textos em papel (impressão), cujas páginas recebiam marcadores que eram colados às páginas, bem como o emprego de grifa-texto para destacar frases do texto. Atualmente, os editores de texto (Word) e os visualizadores de texto (PDF) possuem funções de grifa-texto digital e indexadores digitais. Softwares mais especializados nessa função de interpretação de texto são denominados de ferramentas para análise de dados qualitativos (*computer-assisted qualitative data analysis software* ou CAQDAS).

Na evolução das leituras e do mapa bibliométrico e das codificações de textos, um artigo pode estar associado a diversos temas e/ou subtemas, considerando que a extensão do texto pode prover muitos conteúdos de muitos temas de interesse da pesquisa. Por exemplo, um artigo pode abordar e estar associado a dois subtemas distintos do referencial teórico – nesse caso, o artigo ou livro pode descrever diversas linhas de pensamento associadas ao tema de pesquisa.

Na prática da pesquisa, cada tema ou subtema está associado a um conjunto de palavras-chave, denominadas *código*. O leitor, ao proceder à leitura intensiva, busca por esses termos e seus sinônimos, para averiguar o que o texto traz de informações a respeito daquele tema. Um recurso bastante útil para apoio da leitura seletiva é a função pesquisar (*search*) presente nos editores de texto e nos visualizadores de texto. Eles indicam onde estão as palavras-chave, ou seja, indicam as frases e os parágrafos de potencial interesse ao leitor.

Ao encontrar um trecho de texto relevante para possível uso na pesquisa, o leitor-pesquisador deve realizar o registro de interesse. Se o processo de gestão da leitura está amparado pelo software CAQDAS, isso é bastante simples: associa-se a palavra, frase ou parágrafo do arquivo digital a um código da árvore de temas e subtemas. Caso o leitor não tenha a facilidade do recurso CAQDAS, há outras formas alternativas: marcar com grifa-texto digital, editar o texto com marca de revisão ligada descrevendo seus comentários, imprimir o texto e escrever à mão o aspecto a ser destacado nas margens do próprio texto, criar outro documento digital (Word) e copiar os trechos de interesse apontando nome, página e linha do arquivo original, dentre outras formas.

É óbvio que a capacidade de recuperação, análise e geração de informação a partir desses apontamentos de leitor-pesquisador dependerá da ferramenta utilizada para apoiar o processo de leitura, anotação e análise. Por exemplo, nos softwares CAQDAS, após ler 38 textos e ter realizado uma série de codificações, o pesquisador pode executar uma função do software que responda a seguinte pergunta: quais desses 38 textos apresenta codificação associado ao tema "método de pesquisa etnográfica" e que também esteja associado ao tema "técnica de análise de conteúdo"? O leitor-pesquisador que trabalha à moda antiga, por exemplo, com uma série de artigos impressos e com anotações feitas à mão nas margens, gastará tempo e estará exposto a risco de erros muito maior que o pesquisador que trabalha com o software CAQDAS. Buscando uma situação análoga, considerando as facilidades no desenvolvimento do trabalho intelectual em função de automação via software, considere a diferença de desempenho entre um escritor, redigindo um livro na máquina de escrever, e outro que realiza o mesmo desafio, porém utiliza um software editor de texto.

Para uma maior profundidade e conhecimento das ferramentas CAQDAS e seu potencial no apoio à leitura e interpretação de textos, recomendo a navegação no *website* de duas importantes ferramentas CAQDAS: o NVivo e o Atlas.Ti.[1]

---

1   Disponíveis em: <http://www.qsrinternational.com> e <http://www.atlasti.com>, respectivamente.

Duas técnicas foram abordadas neste capítulo: o mapa bibliométrico e a análise de conteúdo. O mapa é mais simplista e dependente da técnica de análise de conteúdo. O sucesso da análise de conteúdo se dá pela exploração das diversas variações do tema em análise, criando continuamente a abertura de seus subtemas. O leitor deve estar muito atento a sinônimos, antônimos, falsos sinônimos e falsos antônimos de suas palavras-chave. Dessa compreensão são derivadas as árvores de códigos que estruturam o mapa bibliométrico. Para maior conhecimento da técnica de análise de conteúdo, sugiro os livros dos seguintes autores: Bardin (2009) e Miles e Huberman (1994).

7

FUNDAMENTOS PARA LEITURA EFICAZ DE TEXTOS CIENTÍFICOS

7.1 COMPREENSÃO DA ESTRUTURA DA REDAÇÃO DISSERTATIVA

Como mencionado anteriormente, a maioria das pessoas tem a vivência prática da leitura de textos de entretenimento e lazer, os quais empregam, em sua grande maioria, a técnica de redação *narrativa*. Na sequência das técnicas de redação mais difundidas tem-se a redação *descritiva*, com amplo uso em manuais, relatórios e demais comunicações do ambiente de trabalho. Diferentemente desses textos, os documentos científicos empregam a técnica de redação *dissertativa*, pouco difundida na sociedade e bastante distinta das técnicas narrativa e descritiva. É importante que o leitor de texto científico conheça as estruturas lógicas utilizadas no estilo de redação dissertativo para facilitar a compreensão do todo, evitando abstrações incoerentes com o conteúdo do texto e ideias transmitidas pelo autor.

Infelizmente, a maioria dos estudantes e principiantes na pesquisa científica não consegue distinguir as sutis diferenças entre os tipos de estrutura de texto da redação dissertativa, descritiva e narrativa. Os leitores menos experientes em textos científicos tendem a tratar todo texto científico como uma exposição descritiva de fatos, considerando que o outro estilo conhecido – a narrativa – efetivamente não se enquadra. Considerar extratos isolados do texto, sem a compreensão da estrutura na qual este está inserido, pode conduzir o leitor a uma compreensão totalmente errônea e equivocada do texto.

A melhor estratégia para lidar com essa deficiência é a recuperação, para os que já estudaram, ou o aprendizado do modelo mental empregado na construção de texto dissertativo (CASTANEDA e ROMERO, 1987). De acordo com

Cook e Mayer (1988), os cinco tipos de estruturas mais empregadas na redação dissertativa são:

a) *generalização*, que abrange a extensão ou o esclarecimento de ideias principais por meio de explicações ou exemplos;

b) *enumeração*, que apresenta a listagem de fatos;

c) *sequência*, uma série de acontecimentos de ligação ou etapas;

d) *classificação*, itens agrupados em classes; e

e) *comparação/contraste*, estudo das relações entre duas ou mais coisas. Essas estruturas são descritas nos parágrafos seguintes, acompanhadas de exemplo e de exercício proposto para prática e treinamento.

7.1.1 Estrutura de generalização

Na estrutura de generalização, um parágrafo apresenta a ideia principal. Algumas sentenças desse parágrafo buscam esclarecer a ideia principal por intermédio de exemplos ou ilustrações, ou ainda estender a ideia principal, explicando com mais detalhes. Observe o exemplo a seguir (DE SORDI et al., 2012, p. 1):

> A transição da sociedade industrial para sociedade da informação é caracterizada pela ampla geração e disponibilidade de dados e informações à sociedade (GOREY e DOBAT, 1996). A expansão da Internet descreve este movimento: em dezembro de 2011 foram publicados 29 milhões de novos web servers, o que caracteriza um crescimento de 4,5% ao mês, semelhante ao observado nos demais meses de 2011 (NETCRAFT, 2012). Os números indicam a duplicação de web servers a cada 16 meses.

Como exercício para treinamento e fixação do princípio da estrutura de generalização, redija um texto seguindo os comandos propostos a seguir (MEMPOWERED, 2012):

- identifique a ideia principal de um texto;
- liste e defina as palavras-chave;
- reafirme a ideia principal com suas próprias palavras;
- procure por evidências que apoiem a ideia principal;
  - que tipo de apoio está descrito para a ideia principal?
  - existem exemplos, ilustrações?
  - estes estendem ou esclarecem a ideia principal?

7.1.2 Estrutura de enumeração

A estrutura de enumeração pode ser uma lista com marcadores ou numerada, ou uma lista de itens em forma de parágrafo. Observe o exemplo seguinte (SILVA, 2006, p. 269):

> Para a fenomenologia existe uma série de especificidades que podem contribuir para a compreensão do significado da experiência vivida. (VAN MANEM, 1990, p. 35-39). São elas:
>
> a) em sua forma mais básica a experiência envolve a consciência da vida imediata, pré-reflexiva: uma consciência reflexiva ou autodeterminada que é com a consciência inconsciente de si mesma;
>
> b) a experiência vivida tem uma estrutura temporal e nunca pode ser compreendida na sua manifestação imediata, mas a partir da reflexão sobre experiências passadas;
>
> c) a experiência vivida envolve a totalidade da vida. A apropriação do significado [...].

Como exercício para treinamento e fixação do princípio da estrutura de enumeração, redija um texto seguindo os comandos propostos a seguir (MEMPOWERED, 2012):

- identifique e nomeie um tema;
- identifique os subtópicos desse tema;
- organize a lista com os detalhes de cada subtópico com suas próprias palavras.

7.1.3 Estrutura de sequência

Uma estrutura de sequência apresenta uma série de etapas de um processo. Observe o exemplo seguinte (DE SORDI et al., 2012, p. 7):

> Coletou-se inicialmente 20 artigos para cada categoria de interesse, sendo 10 provenientes da base PROQUEST e 10 da EBSCO. No processo de pesquisa, as listas geradas pelos softwares de busca foram classificadas por relevância, ou seja, pela quantidade de citações que o artigo recebia dos demais artigos da própria base. Com as listas de artigos ordenadas por relevância, procedia-se ao sorteio de cinco artigos dentre os mais relevantes e cinco dentre os menos relevantes. As versões eletrônicas dos artigos sorteados foram copiadas (*download* do arquivo) para um dos nove subdiretórios específicos das

nove categorias de artigos descritas na Figura 1. Os atributos descritivos dos artigos foram registrados em uma planilha de controle, contendo o título do artigo, o indicativo de maior ou menor relevância, o indicativo da base de dados de origem e os termos de interesse a serem analisados.

Como exercício para treinamento e fixação do princípio da estrutura de sequência, redija um texto seguindo os comandos propostos a seguir (MEMPOWERED, 2012):

- identifique um tópico associado a uma ação;
- nomeie cada etapa da ação e delineie os detalhes de cada uma;
- discuta brevemente o que é diferente entre cada uma das etapas.

7.1.4 Estrutura de classificação

Na estrutura de classificação, os itens são agrupados em categorias. Observe o exemplo seguinte:

Os cinco tipos de estruturas mais empregadas na redação dissertativa são:

a) generalização, que abrange a extensão ou esclarecimento de ideias principais por meio de explicações ou exemplos;

b) enumeração, que apresenta a listagem de fatos;

c) sequência, uma série de acontecimentos de ligação ou etapas;

d) classificação, itens agrupados em classes; e

e) comparação/contraste, o estudo das relações entre duas ou mais coisas. Essas estruturas são descritas nos parágrafos seguintes [...].

O leitor mais atento deve ter percebido que esse trecho de texto é deste próprio livro – mais especificamente, na parte constituinte deste capítulo. O que estamos fazendo aqui é classificar os cinco modelos mentais amplamente utilizados pelo escritor que emprega a técnica de redação dissertativa; por isso, a redação dessa seção apresenta uma estrutura classificatória.

Como exercício para treinamento e fixação do princípio da estrutura de classificação, redija um texto seguindo os comandos propostos a seguir:

- identifique um tópico ou entidade que apresente algumas variações capazes de gerar subentidades distintas;

- nomeie cada uma destas entidades e descreva os detalhes singulares de cada uma;
- discuta brevemente as diferenças entre cada uma das entidades.

7.1.5 Estrutura de comparação/contraste

Esse tipo de estrutura de texto analisa as relações entre itens. Na comparação, as análises abrangem tanto as semelhanças quanto as diferenças; no contraste, apenas as diferenças são analisadas e descritas. Observe este exemplo de uma estrutura de contraste (GERGULL, 1997, p. 6):

> Neste texto, o postulado da Entidade é apresentado através de dois enfoques básicos: o enfoque econômico (incluir-se-ia aqui o chamado enfoque jurídico, visto como de mesma natureza que o econômico) e o enfoque da informação. O primeiro é defendido por Moonitz, "Atividades econômicas são conduzidas por unidades especificas ou por entidades" e por Mattessich, "Existe um conjunto de entidades que constitui a estrutura para as ações econômicas".
>
> No segundo enfoque, as fronteiras seriam definidas de acordo com a esfera de interesse informativo dos usuários para os quais a informação é dirigida. Segundo o comitê sobre estudos de investigação de Conceitos e Normas da Associação Norte Americana de Contabilidade, de 1994, citado por Hendriksen, "as fronteiras de tal entidade econômica são identificáveis:
>
> 1. pela determinação da pessoa ou grupo interessado; e
>
> 2. pela determinação do caráter desta pessoa ou o interesse desse grupo".
>
> A diferença entre os dois enfoques é contrastada por Hendriksen no parágrafo que segue. Reforça-se a importância de observar as causas atribuídas à variação de foco posta a descoberto pelo autor.

Como exercício para treinamento e fixação do princípio da estrutura de comparação/contraste, redija um texto seguindo os comandos propostos a seguir:
- identifique dois tópicos ou entidades distintas que tenham alguns aspectos semelhantes;
- nomeie cada um desses tópicos ou entidades e descreva os aspectos similares e diferentes de cada um;
- discuta brevemente as diferenças e semelhanças entre eles.

PARTE III

REDAÇÃO

O que é mais difícil não é escrever muito;
é dizer tudo, escrevendo pouco.

Júlio Dantas
Médico, escritor, jornalista e
diplomata português

O *desafio da escrita* é uma das barreiras ao pesquisador principiante. Isto é cada vez mais desafiador considerando a predominância da "redação" confusa e truncada das redes sociais e dos ambientes digitais. Há muita interação em quantidade, com frequência, porém de forma superficial (pouco intensa em conteúdo) e de qualidade bastante duvidosa do ponto de vista da técnica e do estilo de redação. A ideia é mais de teclar alguns poucos caracteres do que redigir na concepção da palavra. A comunicação científica é escrita, devendo ser compreensível a qualquer pesquisador, ou seja, bem redigida.

O processo de escrita está intrinsecamente associado com a análise e reflexão. Huff (1998) apresenta duas questões para exemplificar a interdependência da díade escrever-pensar: "como posso saber o que eu acho até ver o que eu escrevo?" e "como posso melhorar o que escrevi até tornar mais claro e estruturado os meus pensamentos?". Huff afirma que os pesquisadores escrevem não apenas com o intuito de satisfazer seus ideais ou para participar do jogo de publicações ("publique ou pereça"), mas, principalmente, porque a escrita é parte fundamental da pesquisa. Trata-se de uma atividade lógica e central dentre as funções desempenhadas pelo pesquisador. Sem a escrita não há o desenvolvimento de ideias, é o processo de escrita que evidencia dúvidas e desvela aspectos a serem desenvolvidos. Para Huff, a regra de ouro da pesquisa pode ser resumida em: "Pense antes de escrever. Em seguida, escreva para ajudar a repensar".

Nesta terceira e última parte do livro são abordados os aspectos específicos associados à redação de textos científicos. São três capítulos: o primeiro aborda o estilo da redação científica, destacando os principais erros encontrados na redação científica de baixa qualidade. No segundo capítulo, discutem-se as características específicas de cada um dos elementos estruturantes do texto científico, como título, resumo, método, discussão, referências, entre outros. No terceiro e último capítulo, apresentam-se algumas técnicas que auxiliam no processo de desenvolvimento da redação do texto científico.

A seguir, são apresentados os três capítulos desta terceira parte:

CAPÍTULO 8
ESTILO DA REDAÇÃO CIENTÍFICA

CAPÍTULO 9
ELEMENTOS ESTRUTURANTES DO TEXTO CIENTÍFICO   85

CAPÍTULO 10
PROCESSO DE DESENVOLVIMENTO DO TEXTO CIENTÍFICO   123

8

ESTILO DA REDAÇÃO CIENTÍFICA

A prática dos *referees*, que avaliam anualmente diversos artigos submetidos para publicação em revistas científicas e em anais de congressos, consolidou há algum tempo um conjunto de potenciais erros associados a textos científicos de pesquisadores iniciantes. São erros atrelados a vícios de linguagem da comunicação informal do dia a dia que são transpostos para a redação do texto científico. Este capítulo descreve 16 desses equívocos, que devem ser evitados pelos pesquisadores iniciantes.

Para cada equívoco há exemplos de textos científicos inspirados em situações reais, ou seja, identificados em revistas científicas e propositalmente alterados para desvinculá-los do texto original a fim de resguardar os nomes dos seus autores. Para toda frase problemática é apresentada a proposta de reescrita da frase a fim de evitar o equívoco. As frases reescritas são sempre precedidas pela *string* <REESCRITO>. Esse mecanismo facilita a identificação da solução proposta bem como do problema apresentado.

Em análise recente, este autor e alguns dos seus discentes (doutorandos) analisaram a ocorrência desses equívocos em páginas de artigos publicados em anais de congressos brasileiros. Escolheu-se, propositalmente, páginas da seção de análise dos resultados desses artigos, por permitir maior abertura aos redatores no que diz respeito à análise e redação científica, bem como maior possibilidade da ocorrência da diversidade de equívocos analisados. Observou-se a média de 20 equívocos por página, o que demonstra a força e presença dos vícios de linguagem analisados.

8.1 VOCABULÁRIO REBUSCADO (USO DE ERUDIÇÃO)

A norma culta de linguagem empregada na comunicação científica recomenda a redação simples, objetiva e direta, de uma forma que todos os interessados possam compreender. Assim, termos que dificultam o entendimento comum devem ser evitados. Nessa categoria enquadram-se os vocabulários rebuscados ou eruditos. A erudição, segundo os dicionários, pode estar associada a "pessoas com vastos conhecimentos", mas não está associada aos textos científicos e ao ato do pesquisador de comunicar seus avanços científicos. Em suma, termos eruditos e comunicação científica não combinam.

Considerando exemplos amplos e gerais do emprego de vernáculo, não associados a nenhuma área específica do saber, é interessante observar as brincadeiras com empregos de termos eruditos para a reescrita de ditados populares. Observe que eles tornam-se incompreensíveis ao serem reescritos com o emprego de vernáculos. Pode-se afirmar que nunca teriam tanta difusão e seria mais adequado denominá-los "ditados impopulares". Vamos a eles.

TABELA 8.1– Reescrita de ditados populares

DITADO REESCRITO COM VERNÁCULOS	DITADO POPULAR ORIGINAL
Não procrastines o que for de feitura hodierna.	Não deixes para amanhã o que pode ser feito hoje.
A bucéfalo de oferenda não perquiras a conformação odôntica.	A cavalo dado não se olham os dentes.

Fonte: Campos, 2010.

Na área jurídica, destaca-se o uso excessivo de termos eruditos empregados desnecessariamente. O texto seguinte retrata bem essa dificuldade da área e exemplifica os problemas acarretados.

FIGURA 8.1 – Linguagem rebuscada na área jurídica

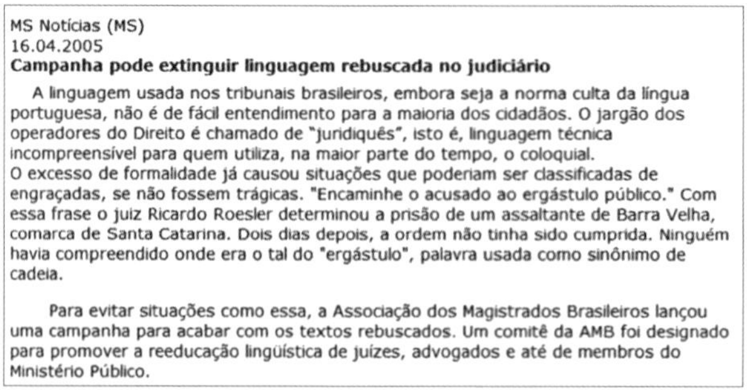

MS Notícias (MS)
16.04.2005
Campanha pode extinguir linguagem rebuscada no Judiciário

A linguagem usada nos tribunais brasileiros, embora seja a norma culta da língua portuguesa, não é de fácil entendimento para a maioria dos cidadãos. O jargão dos operadores do Direito é chamado de "juridiquês", isto é, linguagem técnica incompreensível para quem utiliza, na maior parte do tempo, o coloquial.
O excesso de formalidade já causou situações que poderiam ser classificadas de engraçadas, se não fossem trágicas. "Encaminhe o acusado ao ergástulo público." Com essa frase o juiz Ricardo Roesler determinou a prisão de um assaltante de Barra Velha, comarca de Santa Catarina. Dois dias depois, a ordem não tinha sido cumprida. Ninguém havia compreendido onde era o tal do "ergástulo", palavra usada como sinônimo de cadeia.

Para evitar situações como essa, a Associação dos Magistrados Brasileiros lançou uma campanha para acabar com os textos rebuscados. Um comitê da AMB foi designado para promover a reeducação linguística de juízes, advogados e até de membros do Ministério Público.

Fonte: Associação dos magistrados brasileiros, 2005.

Para finalizar, são apresentados alguns exemplos do emprego de vernáculo na redação de artigos científicos bem como a correção com a reescrita do trecho do texto. Tanto o vernáculo quanto o seu sinônimo, adequado para a redação científica, estão destacados em negrito:

- até que sejam **ultimados** estudos tendentes [...] <REESCRITO> até que sejam **concluídos** estudos tendentes [...]
- o instrumento foi empregado para **perquirir** gestores e clientes [...] <REESCRITO> o instrumento foi empregado para **indagar** os gestores e clientes [...]
- o professor precisa se colocar mais como um par dos discentes do que como autoridade ou **oráculo** em sala de aula <REESCRITO> o professor precisa se colocar mais como um par dos discentes do que como autoridade ou **detentor da verdade** em sala de aula
- Estes resultados **coadunam-se** com os de Branchert (2009) <REESCRITO> Estes resultados **conciliam-se** com os de Branchert (2009).

O emprego de palavras eruditas em textos científicos é avaliado negativamente pela comunidade científica. O leitor pode compreender essa atitude do pesquisador-escritor como insegurança, pois ele se utiliza desse recurso como mecanismo para demonstrar cultura, na tentativa de valorizar o seu texto e causar uma boa impressão.

8.2 FRASE INTRODUTÓRIA SUPÉRFLUA

Para o público leitor da comunicação científica, predominantemente composta por pesquisadores, o tempo demandado para busca e leitura de textos é fundamental. É crescente a quantidade de revistas científicas especializadas nas diversas áreas do saber, o que gera cada vez mais demanda por leitura. Considerando isso, a prática da academia é pela otimização do texto, a fim de facilitar e agilizar a leitura e o processo de transferência de informação. Não há espaço para palavras e linhas desnecessárias na redação científica.

No início dos parágrafos e das frases da comunicação cotidiana, encontradas nos textos de entretenimento e de convívio social, é muito comum encontrarmos palavras introdutórias desnecessárias. Esse hábito é contraditório com os padrões da redação científica, o que implica em uma verdadeira armadilha aos pesquisadores iniciantes. A língua portuguesa, rica em vocabulário e com um conjunto amplo de excelentes obras literárias, apresenta-se como um campo fértil e convidativo para uma redação com estilo não científico.

Entre as introduções desnecessárias mais corriqueiras nos textos do dia a dia, destacam-se: "Antes de mais nada[...]", "Gostaria de enfatizar[...]", "É interessante notar [...]", "Primeiramente [...]", "Desse ponto de vista [...]", "Concluindo [...]".

A seguir, são apresentados alguns inícios de parágrafos e frases de textos científicos que apresentam frases introdutórias supérfluas (destacadas em negrito). Também são apresentadas as reescritas dos textos com as devidas correções:

- **Sob este enfoque, foi verificado** que o conceito de custeio [...] <small>REESCRITO</small> Verificou-se que o conceito de custeio [...]
- **Com a realização do estudo foi possível notar** que o custo-padrão e orçamento foi [...] <small>REESCRITO</small> O custo-padrão e orçamento de [...]
- **Nota-se que** a importância dedicada à inovação é alta nos fabricantes [...] <small>REESCRITO</small> A importância dedicada à inovação é alta nos fabricantes [...]
- É relevante também assinalar que oito assertivas foram [...] <small>REESCRITO</small> Oito assertivas foram [...]
- **Vale ressaltar, no entanto, que** dois limites do presente estudo que exigirão [...] <small>REESCRITO</small> Dois limites do presente estudo exigirão [...]
- **Uma das formas encontradas** para suprir essa lacuna [...] <small>REESCRITO</small> Para suprir essa lacuna [...]
- **Com esta pesquisa, acredita-se ter agregado novas evidências ao conhecimento estabelecido** sobre a relação entre [...] <small>REESCRITO</small> Os resultados desta pesquisa evidenciam a relação entre [...]
- **Esta constatação** sugere que [...] <small>REESCRITO</small> Sugere-se que [...]
- **Em primeiro lugar**, a participação do professor tende a ser compreendida como a resposta [...] <small>REESCRITO</small> A participação do professor tende a ser compreendida como a resposta [...]

Em todos os exemplos, a exclusão da introdução em nada prejudica o conteúdo da informação transmitida, apenas facilita a vida do leitor que passa a lidar com menor quantidade de palavras e, consequentemente, menor extensão de texto e maior rapidez na leitura.

O problema desse tipo de falha na redação científica é que ela não passa impune pelo leitor. As primeiras palavras do parágrafo sempre são lidas, sem nenhum salto de abstração por parte do leitor, como pode ocorrer com o restante do parágrafo. Outro fato é o crescimento de sua ocorrência, além de piadas, chacotas e constantes alertas nos cursos de redação científica, há até softwares capazes de gerar "textos" vazios a partir de uma ideia sugerida pelo usuário. O software "lerolero" é um bom exemplo de gerador de frases introdutórias supérfluas. A Figura 8.2 apresenta a tela inicial do software, e a Figura 8.3 mostra um exemplo de texto gerado a partir do título sugerido pelo usuário na primeira tela. Observe atentamente as palavras iniciais de cada parágrafo.

FIGURA 8.2 – Tela inicial do gerador de "lerolero"

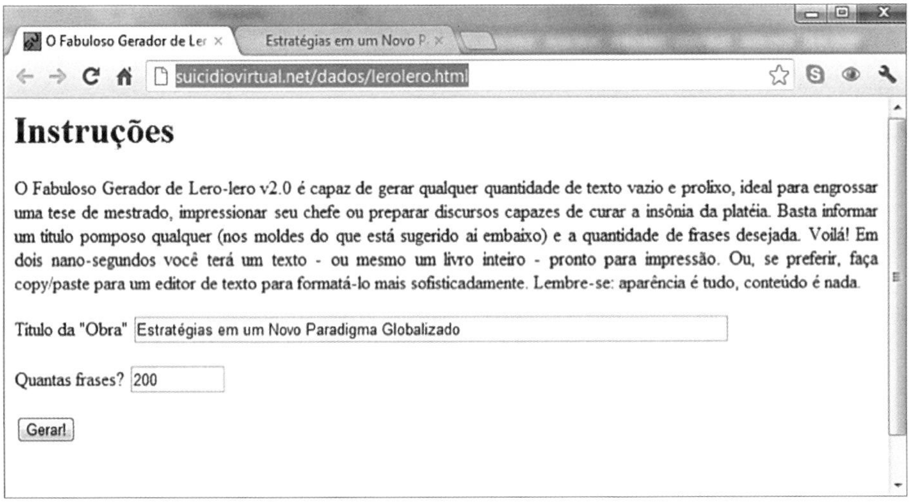

Fonte: <http://suicidiovirtual.net/dados/lerolero.html>. Acesso em 10 maio 2013.

FIGURA 8.3 – Texto gerado pelo software de "lerolero"

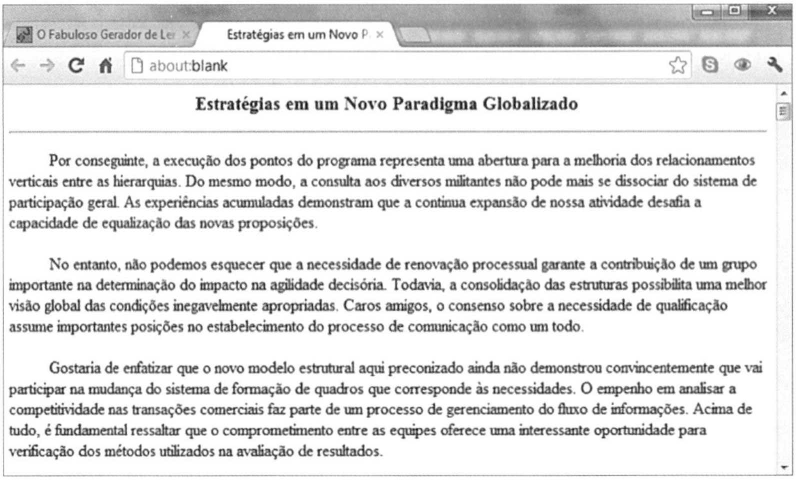

O Fabuloso Gerador de Le
Estratégias em um Novo P.
about:blank

Estratégias em um Novo Paradigma Globalizado

Por conseguinte, a execução dos pontos do programa representa uma abertura para a melhoria dos relacionamentos verticais entre as hierarquias. Do mesmo modo, a consulta aos diversos militantes não pode mais se dissociar do sistema de participação geral. As experiências acumuladas demonstram que a continua expansão de nossa atividade desafia a capacidade de equalização das novas proposições.

No entanto, não podemos esquecer que a necessidade de renovação processual garante a contribuição de um grupo importante na determinação do impacto na agilidade decisória. Todavia, a consolidação das estruturas possibilita uma melhor visão global das condições inegavelmente apropriadas. Caros amigos, o consenso sobre a necessidade de qualificação assume importantes posições no estabelecimento do processo de comunicação como um todo.

Gostaria de enfatizar que o novo modelo estrutural aqui preconizado ainda não demonstrou convincentemente que vai participar na mudança do sistema de formação de quadros que corresponde às necessidades. O empenho em analisar a competitividade nas transações comerciais faz parte de um processo de gerenciamento do fluxo de informações. Acima de tudo, é fundamental ressaltar que o comprometimento entre as equipes oferece uma interessante oportunidade para verificação dos métodos utilizados na avaliação de resultados.

Fonte: <http://suicidiovirtual.net/dados/lerolero.html>. Acesso em 10 maio 2013.

8.3 VOCABULÁRIO POPULAR (USO DE VERNÁCULO)

A comunicação científica emprega a palavra em sua forma restrita, objetiva, conforme a significação que consta no dicionário, ou seja, o sentido denotativo da palavra. No uso do dia a dia da palavra pela população, ela pode ser empregada de forma mais geral, com significados distintos. Isso é comum de ocorrer em toda língua, e existe um termo técnico para designar tal ação: sentido conotativo da palavra. Essa diversificação de significado pode ocorrer de uma brincadeira ou improviso na comunicação de uma pessoa popular, como um político ou jogador de futebol. Muitas vezes pode ser intencional, como a criação de um poeta ou autor de novelas populares.

Como exemplos de expressão conotativa tem-se: "a frieza do olhar". Obviamente, o olhar não tem temperatura, mas empregou-se no sentido de "desinteresse de quem observa". Uma forma de conotação são as metáforas, que abrangem uma palavra ou expressão que produz sentidos figurados por meio de comparações implícitas. Exemplos de metáfora: "aquela moça é uma gata", "o amor é cego".

O problema do emprego de metáforas ou introdução da linguagem coloquial (conotações) no texto científico é denominado, genericamente, de "emprego do vernáculo". A seguir, são apresentados alguns textos científicos que empregaram incorretamente o vernáculo, destacado em negrito; apresenta-se, também, a reescrita dos trechos:

- Esse tópico é um **nó** da gestão de múltiplos vínculos contratuais [...] _{RE-ESCRITO} Esse tópico é um **problema** da gestão de múltiplos vínculos contratuais [...] que deve ser **encarada** como uma das práticas [...] _{REESCRITO} que deve ser **compreendida** como uma das práticas [...] das pressuposições que **estão por trás** de comportamentos e de atitudes disfuncionais [...] _{REESCRITO} das pressuposições **associadas** aos comportamentos e atitudes disfuncionais [...].
- As receitas dos hospitais e dos médicos são **achatadas** [...] _{REESCRITO} As receitas dos hospitais e dos médicos são **reduzidas** [...]
- Estas práticas, **ainda muito tímidas,** [...] _{REESCRITO} Estas práticas, **pouco disseminadas**, [...]
- [...] o aumento da diversidade dos trabalhadores **está longe** de trazer [...] _{REESCRITO} [...] o aumento da diversidade do perfil dos trabalhadores é insuficiente para trazer [...]
- Podem ser considerados **pecados capitais** na atuação [...] _{REESCRITO} Podem ser considerados **problemas centrais** na atuação [...]
- Podem existir **outros olhares** sobre o assunto além [...] _{REESCRITO} Podem existir **outras interpretações** sobre o assunto além [...]

Temos que lembrar que é muito comum o texto científico ser lido e traduzido para diferentes idiomas. Coloque-se na posição de um leitor de outra cultura e de língua-mãe distinta do português, e agora responda: o quão difícil não seria para esse leitor compreender o emprego dessas palavras dentro das sentenças? Para evitar essas dificuldades de transferência da informação, a redação científica sempre é objetiva, emprega as palavras em seu sentido restrito, de forma que qualquer pessoa possa compreender ou traduzir com facilidade para qualquer idioma. Caso haja dúvida da existência da palavra na língua portuguesa, consulte na Internet o Vocabulário Ortográfico da Língua Portuguesa (VOLP), mantido pela Academia Brasileira de Letras.[1] Caso a dúvida seja quanto ao significado, consulte um dicionário, como o Priberam.[2]

---

1 Disponível em: <http://www.academia.org.br/abl/cgi/cgilua.exe/sys/start.htm?sid=23>. Acesso em 10 maio 2013.
2 Disponível em: <http://www.priberam.pt/dlpo/dlpo.aspx>. Acesso em 10 maio 2013.

8.4 REDUNDÂNCIA (TAUTOLOGIA OU CIRCULARIDADE)

O autor da redação científica deve ater-se a não criar frases repetitivas que empregam várias palavras diferentes cujo significado é o mesmo (circularidade). Exemplos clássicos de redundância são: "subir para cima" e "descer para baixo". O nome científico desse equívoco do redator é tautologia ou circularidade, e pode ser compreendido como o erro de informar duas vezes a mesma coisa.

No dia a dia das redações informais encontramos uma infinidade de frases tautológicas de uso muito corriqueiro, que podem ser consideradas vício de linguagem. Alguns exemplos: "certeza absoluta", "em anexo a esta carta", "acabamento final", "entre as páginas sete e treze, inclusive", "um *plus* a mais", "comparecer pessoalmente", "na próxima sexta-feira, dia 28 de novembro", "na parte rural do campo", "como prêmio adicional extra", "em metades iguais", entre outras tantas.

O texto científico não deve ser repetitivo, e a tautologia é facilmente percebida pela comunidade científica. Seguem alguns exemplos de tautologia em textos científicos:

- Representante da empresa Beta informou que a empresa **solicitou, no passado**, a inclusão [...] <REESCRITO> Representante da empresa Beta informou que a empresa solicitou a inclusão [...]
- Das 20 empresas que possuem um programa ativo de redução de setup, **25% (5 empresas)** são de grande porte [...] <REESCRITO> Das 20 empresas que possuem um programa ativo de redução de setup, 25% são de grande porte [...]
- Os atuais consórcios detêm o **direito de exploração**, por determinação de decreto municipal, **que garante a exploração e** permite a eles [...] <REESCRITO> Os atuais consórcios detêm o direito de exploração, por determinação de decreto municipal que permite a eles [...]
- Sendo a divisão de operação composta pelas áreas de **metalgrafia e litografia**. [...] e a elevação do padrão de qualidade, sobretudo quanto à operação da empresa (áreas de **metalgrafia e litografia**) que [...] <REESCRITO> Sendo a divisão de operação composta pelas áreas de metalgrafia e litografia. [...] e a elevação do padrão de qualidade, sobretudo quanto à operação da empresa que [...]

Observe que em todas as frases reescritas ocorreram subtrações das palavras que repetiam informação já presente no texto. A exclusão não ocasionou perdas na informação transmitida.

Nos textos científicos, há situações em que a tautologia não é compreendida como falta de atenção do redator, mas como embromação deliberada. A tautologia proposital em textos científicos pode ocorrer, principalmente, na definição de termos empregados pelo autor. A forma mais comum é a utilização de elementos do termo que está sendo definido em sua própria definição, por exemplo: "líder transformacional" definido como o "líder que transforma organizações" (SUDDABY, 2012).

Definições vazias podem empregar parte do mesmo constructo teórico que está sendo explicado, como as variáveis causais relacionadas ao termo. Como exemplo, imagine o termo "capacidade cognitiva" definido como "uma capacidade que permite às pessoas aprenderem de forma mais eficaz em contextos que são dinâmicos e complexos". Essa "definição" trouxe ao leitor duas novas variáveis antecedentes associadas ao termo capacidade cognitiva: a variável "dinamismo" e a variável "complexidade" (SUDDABY, 2010).

Nos dois últimos exemplos, as redações apresentadas como definições de termos podem ser compreendidas como "mais do mesmo", ou seja, redundância em torno do termo sem sua efetiva definição.

8.5 VOZ PASSIVA (DISCURSO INDIRETO)

A voz ativa é a recomendada para textos científicos: ela é direta e objetiva, como deve ser a comunicação científica. Sua estrutura é mais lógica e fácil de entender: sujeito + verbo + complementos e/ou adjuntos. De forma geral, pensamos sempre no binômio causa-efeito, nessa ordem (VOLPATO, 2007). Nosso processamento neurolinguístico espera receber primeiro o sujeito (a causa), depois a ação (verbo) e por último o efeito (complementos). A voz passiva traz uma inversão desses elementos, ou seja, demanda mais esforços de processamento e compreensão. Observe os dois exemplos: "o pai beijou o filho", "o filho foi beijado pelo pai". O primeiro exemplo, redigido na voz ativa, é mais claro, direto e objetivo. Essa é a melhor estrutura para a redação científica.

Um leitor já cansado e não muito interessado pelo texto pode cansar-se ainda mais com a redação que emprega exaustivamente a voz passiva. Imagine esse cenário no contexto de leitura de um *referee*, que avalia um artigo científico não selecionado por ele, mas pelo editor da revista: cresce a insatisfação com o texto na mesma proporção que a probabilidade de rejeição do artigo.

Quando o sujeito do texto científico é o próprio pesquisador e autor do texto, deve-se tomar muito cuidado com o emprego da voz ativa, para não contradizer outra recomendação da redação científica: a impessoalidade da redação, obtida pela redação na terceira pessoa do singular. Esse aspecto deve ser observado principalmente quando se descreve os procedimentos do método de pesquisa aplicados. Por exemplo, as frases como "nós entrevistamos os quinze gerentes durante o período [...[" ou "os pesquisadores responsáveis pela pesquisa e autores deste artigo entrevistaram os quinze gerentes durante o período [...]" devem ser substituídas por "entrevistou-se quinze gerentes durante o período [...]". A redação deve permanecer na voz ativa, porém com sujeito indeterminado.

Observe os exemplos extraídos de textos científicos reescritos da voz passiva (discurso indireto) para a voz ativa (discurso direto):

- A relação entre comprometimento e desempenho tem sido o tópico mais difícil de elucidar <small>REESCRITO</small> O tópico mais difícil de elucidar é a relação entre comprometimento e desempenho
- Reforçou-se a estratégia competitiva [...] <small>REESCRITO</small> A estratégia competitiva foi reforçada [...]
- Empresários com mais de dez anos de experiência no segmento foram entrevistados <small>REESCRITO</small> Entrevistou-se empresários com mais de dez anos de experiência no segmento
- A preparação para reunião exige que o gestor antecipe possíveis caminhos para a discussão <small>REESCRITO</small> O gestor deve antecipar possíveis caminhos para discussão como preparo para reunião
- Não se alterou a estrutura interna das empresas com a criação do consórcio. <small>REESCRITO</small> As estruturas internas das empresas não foram alteradas com a criação do consórcio

8.6 LINGUAGEM PESSOAL (TEMPO VERBAL DISTINTO DA TERCEIRA PESSOA DO SINGULAR)

A lógica da redação científica é o desenvolvimento da ciência, e o foco sempre é o novo, aquilo que deve ser informado para a comunidade científica. Todo texto é direcionado para esse propósito; não há espaço na redação científica para valorização e enaltecimento do pesquisador, do grupo de pesquisa ou dos grupos que financiaram a pesquisa. Os financiadores podem receber uma menção de agradecimento, normalmente uma nota atrelada ao texto, informada extra-artigo, quando os pesquisadores encaminham o texto para análise da revista científica, no ato do *upload* do artigo científico. Nesse momento, os pesquisadores informam os metadados do artigo: nomes dos pesquisadores, e-mails dos autores, centros de pesquisas aos quais estão vinculados e entidades que financiaram a pesquisa e que os autores gostariam de agradecer.

Para fazer valer a imparcialidade do texto científico, o foco da redação é no tema pesquisado, e a redação científica sempre é feita na terceira pessoa do singular. A máxima é: não importa quem fez, não é isso que se procura em um texto científico, mas sim clareza, integridade, objetividade do avanço científico e do método empregado. A redação na terceira pessoa do singular dá a neutralidade necessária – exemplos: observa-se, identificou-se, codificou-se. Não importa quem desenvolveu essas ações, o importante é saber que elas foram realizadas e a forma e a sequência como foram conduzidas, além das demais informações operacionais necessárias para compreensão e replicação do método de pesquisa quando necessário.

O estilo de redação mais conhecido e praticado por discentes e pela sociedade de forma geral é a narração, porém, na academia, a técnica de redação predominante é a dissertação. Essa é uma das fontes de dificuldades dos pesquisadores principiantes. Deve-se resgatar os fundamentos do ensino básico, os três tipos de técnicas de redação: a narração, a descrição e a dissertação. A seguir, uma explanação bastante objetiva e esclarecedora da imparcialidade do autor presente no estilo de redação dissertativo (MUNDO VESTIBULAR, 2012):

> Dissertar é refletir, debater, discutir, questionar a respeito de um determinado tema, expressando o ponto de vista de quem escreve em relação a esse tema. Dissertar, assim, é emitir opiniões de maneira convincente, ou seja, de maneira que elas sejam compreendidas e aceitas pelo leitor; e isso só acontece quando tais opiniões estão bem fundamentadas, comprovadas, explicadas, exemplificadas, em suma: bem ARGUMENTADAS (argumentar = convencer, influenciar, persuadir). A argumentação é o elemento mais importante de uma dissertação.
>
> Embora dissertar seja emitir opiniões, o ideal é que o autor coloque no texto seus pontos de vista como se não fossem dele e, sim, de outra pessoa (de prestígio, famosa, especialista no assunto, alguém...), ou seja, de maneira *impessoal*, *objetiva* e sem prolixidade ("encher linguiça"): que a dissertação seja elaborada com **verbos e pronomes em terceira pessoa**.

> O texto impessoal soa como verdade e, como já citado, fazer crer é um dos objetivos de quem disserta.

Em algumas revistas internacionais, em especial nas áreas das ciências humanas, observa-se o uso do pronome de primeira pessoa do singular ou do plural: *I* ou *we* (KÄMPF, 2012). A observância das boas práticas da pesquisa científica, que recomenda a escolha da revista científica antes da redação do texto, resolve o problema de um possível desalinhamento do artigo redigido pelos pesquisadores com o estilo de redação predominante ou preferido dos editores da revista. Para a seleção da revista científica, os autores devem ler os temas que estão sendo discutidos na revista e na pauta de interesse dos editores, criar ganchos narrativos com artigos recentes da revista e outras atividades, que exigem dos pesquisadores a leitura dos artigos recentes da revista. Assim, dificilmente um grupo de pesquisa que segue as boas práticas científicas elaborará um artigo fora dos padrões de redação da revista científica pretendida.

Esse movimento de redação na primeira pessoa do singular ou do plural é recente e bastante pontual. A regra de ouro é redigir o texto científico na terceira pessoa do singular. Conforme destaca Rubem Alves (2008), o cientista não deve falar; é o objeto que deve falar por meio dele. Daí o estilo impessoal, vazio de emoções e valores da redação científica.

Seguem alguns exemplos de frases encontradas em textos científicos que foram reescritas para a terceira pessoa do singular, prática sempre aceita e incontestável, independentemente de revista e/ou editor:

- Para tanto, **realizamos** um levantamento inicial do que [...] <REESCRITO> Para tanto, **realizou-se** um levantamento inicial do que [...]
- Para a estrutura gerencial proposta, **acreditamos** que [...] <REESCRITO> Para a estrutura gerencial proposta, **acredita-se que** [...]
- [...] **entendemos** que o tema tem muito a ser [...] <REESCRITO> [...] **entende-se** que o tema tem muito a ser [...]

8.7 EXCESSO DE PALAVRAS (CIRCUNLÓQUIO OU VERBOSIDADE)

Verbosidade é a qualidade de verboso, ou seja, o que abunda em palavras inúteis. O verboso é similar ao loquaz, que pratica a loquacidade, ou seja, o hábito de falar excessivamente, porém, o circunlóquio aplica-se ao excesso de palavras escritas. Para a redação científica recomenda-se a comunicação com a menor quantidade possível de palavras.

Observe os exemplos seguintes e veja como o circunlóquio pode ser facilmente resolvido:

- [...] observou-se que os funcionários do departamento de faturamento **mantiveram um alto grau de interação por voz** durante o período [...] <REESCRITO> [...] observou-se que os funcionários do departamento de faturamento dialogaram muito durante o período [...]
- Torna possível **que um maior número** de informações sejam [...] <REESCRITO> Torna possível que mais informações sejam...
- [...] o aumento da diversidade do perfil dos trabalhadores é **insuficiente para trazer** [...] <REESCRITO> [...] o aumento da diversidade do perfil dos trabalhadores não traz [...]
- [...] isto demanda, **por sua vez**, um maior grau de confiança nas relações [...] <REESCRITO> [...] isto demanda maior grau de confiança nas relações [...]
- Lembram **ainda** que o professor [...] <REESCRITO> Lembram que o professor
- Solicitou a compra, **a aquisição** ao responsável pelo [...] <REESCRITO> Solicitou a compra ao responsável pelo [...]

Um bom domínio do vocabulário facilita a redação: ao não se utilizar de muitas palavras, emprega-se a palavra mais apropriada e significativa para o contexto. Exemplo: "o auditor cogitou a possibilidade das empresas combinarem acertos entre si a fim de se beneficiarem da situação"; com o emprego do vocábulo adequado, a frase ficaria assim reescrita: "o auditor cogitou a possibilidade de conluio entre as empresas".

Quanto maior a extensão do texto, maiores são as probabilidades da ocorrência de erros de incoerência (contradição), erro de ortografia, erro gramatical e demais problemas. Além da maior exposição a erros, gera-se maior discrepância no que diz respeito às preferências do público leitor dos textos científicos – os pesquisadores. Os leitores de textos científicos, com tempo cada vez mais escasso para seleção e leitura do volume crescente de publicações disponíveis, demandam cada vez mais textos bem escritos que não sejam extensos e nem prolixos e consigam transmitir as informações necessárias com a menor quantidade possível de palavras, ou seja, textos que sejam coesos.

8.8 CONSTRUÇÃO NEGATIVA

A programação neurolinguística destaca o problema das afirmações negativas. O advérbio "não" é uma abstração semanticamente fraca. O "não" é a negação, o oposto à afirmativa "sim". Pode-se dizer que para nossa mente o advérbio "não" representa nada, logo o cérebro se fixa na palavra que vem imediatamente depois do "não". Muito costumeiramente, essa palavra dá o efeito contrário do que se pretendia na comunicação. A expressão "em caso de incêndio não use os elevadores" acaba por lembrar as pessoas do elevador, aumentando a chance de erro. O ideal seria escrever uma redação afirmativa do que se pretende: "em caso de incêndio utilize as escadas".

Para o contexto da redação científica, o emprego de construções negativas apresenta o mesmo risco: má interpretação, transmitindo a mensagem exatamente contrária daquela que se pretendia. Assim, o texto científico deve privilegiar sempre que possível as construções afirmativas, evitando ao máximo as construções negativas. As construções afirmativas tornam o texto mais direto e simples de entender.

A seguir, são apresentadas algumas construções negativas que podem gerar má interpretação. Elas foram reescritas na forma afirmativa, descritas logo após de cada construção negativa.

- Os números comparativos das pesquisas *não* **diferem** muito entre si, ao se observar que os percentuais das causas-morte são quase que iguais <REESCRITO> Os números comparativos das pesquisas **são semelhantes**, ao se observar que os percentuais das causas-morte são quase que iguais
- Os gestores informaram que o empréstimo bancário seria útil para o *não* **fechamento** dos seus negócios <REESCRITO> Os gestores informaram que o empréstimo bancário seria útil para **continuidade** dos seus negócios
- Observa-se cada vez mais que as pequenas e microempresas tornam-se importantes na vida econômica de qualquer nação e representam o maior empregador na maioria dos países, no Brasil *não* é diferente <REESCRITO> Observa-se cada vez mais que as pequenas e microempresas tornam-se importantes na vida econômica de qualquer nação e representam o maior empregador na maioria dos países, **inclusive** no Brasil

Uma situação atípica do emprego da construção negativa é a formulação e teste de hipóteses nulas (h_0), que é a afirmação negativa do que se imagina válido

(h_1) ou "não falso". Assim, se falsearmos a hipótese nula, estaremos negando a negação, ou seja, corroborando com o contrário dela: a afirmação.

8.9 PERSONIFICAÇÃO DE COISAS (EXPRESSÃO TELEOLÓGICA)

O texto científico não deve personificar coisas, ou seja, atribuir ações humanas a objetos inanimados, a entidades (organizações ou grupos de pessoas) ou a animais irracionais. Tecnicamente, denominamos esse vício de linguagem de expressão teleológica. Entre as formas mais comuns de aparição nos textos de pesquisadores iniciantes destacam-se: "a pesquisa nos diz [...]", "os dados apontam para [...]", "o relatório sugere [..].", e "do ponto de vista dos dados [...]".

Seguem alguns exemplos de frases encontradas em textos científicos que foram reescritas substituindo-se a expressão teleológica:

- [...] passa a ser uma questão de **sobrevivência** das empresas [...] <REESCRITO> [...] passa a ser uma questão de **competitividade** das empresas [...]
- Principal razão de **mortalidade** das organizações estudadas [...] <REESCRITO> Principal razão para **encerramento de atividades** das organizações estudadas [...]
- A primeira hipótese **diz** respeito às divergências [...] <REESCRITO> A primeira hipótese **refere-se** às divergências [...]
- Este desacordo está **intimamente** ligado às divergências [...] <REESCRITO> Este desacordo é **decorrente** das divergências [...]
- A pesquisa **indica** que o fator da estrutura democrática do pacto é preditor [...] <REESCRITO> **Observa-se** que o fator da estrutura democrática do pacto é preditor [...]
- O INCONEX **identificou** que para aumentar [...] <REESCRITO> Os **pesquisadores** do INCONEX identificaram que para aumentar [...]
- Os dados da tabela 2 **apontam** a tendência de crescimento [...] <REESCRITO> **Observa-se** na tabela 2 a tendência de crescimento [...]
- O relatório final acusa de desapropriação indevida [...] <REESCRITO> No relatório final, observa-se que os relatores acusam de desapropriação indevida [...]

Observe que é tudo uma questão de atenção e domínio do vocabulário para encontrar a palavra mais adequada para cada contexto.

8.10 PERÍODO DE TEMPO MAL ESPECIFICADO (ATRELADO AO MOMENTO DA REDAÇÃO)

Na comunicação jornalística é muito comum referir-se a períodos de tempo não associados a datas específicas, como "na semana passada", "no último final de semana", "ontem", "no ano passado". Como na televisão e no rádio a comunicação é síncrona, ou seja, o consumo da informação ocorre no ato da transmissão, não há maiores dificuldades para que o leitor tenha compreensão do período de tempo referido. Embora a comunicação escrita do jornal seja assíncrona, o distanciamento de tempo é mínimo: os leitores leem o jornal do próprio dia, horas depois do trabalho de redação do texto.

Esses vícios de linguagem de intervalo de tempo mal definido, associados ao momento da redação final do agente transmissor, não devem ocorrer nos textos científicos. A proposta de um texto científico é que ele seja perene, que receba muitas citações e agregue valor na criação e disseminação do conhecimento pelo maior espaço possível de tempo. É muito comum a leitura, citação e transcrição de textos redigidos há décadas, como as inúmeras transcrições presentes nos artigos atuais de textos escritos por Sigmund Freud no início do século XX.

Considerando a perenidade dos textos científicos, a redação científica sempre deve trabalhar com períodos de tempo bem definidos, para que o leitor não tenha dúvida sobre o período de tempo referido pelo autor. A seguir, estão descritos alguns exemplos de textos científicos que empregam períodos de tempo mal definidos, atrelados ao momento da redação e, na sequência, apresenta-se a reescrita desses mesmos trechos de texto com a correção dessa limitação:

- O crescimento do segmento calçadista no **ano passado** foi de [...] <REESCRITO> O crescimento do segmento calçadista em **2004** foi de [...]
- No grupo de 7-12 anos, as crianças da classe D consultaram o dentista três vezes menos do que as crianças da classe B **no ano anterior à entrevista** <REESCRITO> No grupo de 7-12 anos, as crianças da classe D consultaram o dentista três vezes menos do que as crianças da classe B, **dados referentes ao ano de 2009**
- A padronização tornou-se mais evidente considerando que nos últimos anos ocorreram a discussão, aprovação e entrada em vigor da lei[...] <REESCRITO> A padronização tornou-se mais evidente entre 1983 e 1987,

período em que ocorreram a discussão, aprovação e entrada em vigor da lei [...]

- Evolução dos conhecimentos nos últimos dez anos [...]<REESCRITO> Evolução dos conhecimentos **entre 1995 e 2005** [...]

8.11 ADJETIVOS E ADVÉRBIOS DESNECESSÁRIOS

O cientista desempenha um papel racional ao analisar uma entidade e deve desprender-se de juízos de valor, ou seja, ser "axiologicamente neutro". Essa postura evita problemas como a influência política e social na condução das análises. Essa é uma das razões para o pouco emprego de adjetivos nos textos científicos, que podem caracterizar juízo de valor do pesquisador.

Na comunicação do dia a dia empregam-se muitos adjetivos e advérbios desnecessariamente, caracterizando mais um vício de linguagem a ser evitado pelo pesquisador na redação científica. Observe as frases seguintes, extraídas de textos científicos, e a reescrita desses trechos de forma a excluir adjetivos e advérbios desnecessários:

- Percebe-se o **quão** importante é o estudo de combinação estratégica [...] <REESCRITO> Percebe-se a importância do estudo de combinação estratégica [...]
- [...] prestam serviços aos pacientes, que são, **na verdade**, seus clientes e [...]<REESCRITO> [...] prestam serviços aos pacientes, que são seus clientes e [...]
- [...] seria a participação **ativa** nas atividades previstas <REESCRITO> [...] seria a participação nas atividades previstas
- A contribuição **muito** pequena não estimula os investimentos [...]<REESCRITO> A contribuição pequena não estimula os investimentos [...]
- [...] demandam destes profissionais ações **efetivas** para [...] <REESCRITO> [...] demandam destes profissionais ações para [...]
- [...] medido através da **clássica** escala OCQ <REESCRITO> [...] medido através da escala OCQ
- Apesar de **todo** esse controle [...] <REESCRITO> Apesar desse controle [...]
- **Infelizmente**, os esforços para acompanhar as metas não foram [...] <REESCRITO> Os esforços para acompanhar as metas não foram

- [...] é **muito** diferente dos resultados obtidos [...] <REESCRITO> [...] é diferente dos resultados obtidos [...]
- [...] levaria a **completa** compreensão do problema <REESCRITO> levaria à compreensão do problema

8.12 ADOÇÃO DE PALAVRA LONGA

Ao redigir o texto científico, o pesquisador deve sempre preferir o uso de uma palavra breve a uma longa, a menos que essa seja a única alternativa. As palavras mais curtas tornam o texto menos extenso e mais atrativo. Lembre--se que os pesquisadores estão com um acervo de publicações cada vez maior para pesquisar.

Observe os exemplos seguintes: a reescrita das frases substituem as palavras longas por curtas, sem alteração do significado:
- Aspectos **fundamentais** da gestão [...] <REESCRITO> Aspectos **centrais** da gestão [...]
- [...] de **concordância** com relação as suas funções. <REESCRITO> [...] de **consenso** com relação as suas funções.
- O resultado obtido é **idêntico** ao do estudo [...] <REESCRITO> O resultado obtido é **igual** ao do estudo [...]
- A capacidade de **remanejamento** [...] <REESCRITO> A capacidade de **realocação** [...]

8.13 ENVELHECIMENTO PRECOCE DO TEXTO PELO EMPREGO DO TEMPO PASSADO

O leitor de textos científicos está à procura de algo novo, do conhecimento gerado pela pesquisa. Não se trata de uma leitura de entretenimento sobre curiosidades e acontecimentos; há um objeto de interesse que o leitor está em busca. O aspecto novo ganha vitalidade ao ser apresentado com a redação elaborada no tempo presente. O emprego do tempo passado para apresentação dos resultados da pesquisa, seja na seção de conclusões ou no resumo, dá o efeito contrário, passa ao leitor a percepção de algo antigo e já conhecido.

Observe a reescrita das frases seguintes, extraídas de conclusões, que foram "revitalizadas" pela adoção do tempo presente:

- Esta pesquisa **levantou** evidências a respeito dos fatores antecedentes da adoção de estruturas organizacionais matriciais [...] <small>REESCRITO</small> Esta pesquisa **apresenta** evidências a respeito dos fatores antecedentes da adoção de estruturas organizacionais matriciais [...]
- **Evidenciou**-se que as organizações de maior porte **preferiram** economia de escala à [...] <small>REESCRITO</small> **Evidencia**-se que organizações de maior porte **preferem** a economia de escala à [...]
- Após a análise dos dados, **foram** percebidas basicamente três dificuldades da gestão [...] <small>REESCRITO</small> A análise dos dados **revela** três dificuldades da gestão [...]

O tempo passado deve ser utilizado com muita parcimônia ao longo do texto científico – por exemplo, na seção de método da pesquisa para relatar os procedimentos utilizados na condução dos trabalhos.

8.14 IMPRECISÃO DA INFORMAÇÃO

A redação científica deve ser precisa, não pode gerar dúvida ao leitor. Alguns vocábulos indicam exatamente o contrário: a falta de segurança e precisão do redator. Termos como "aproximadamente", "quase", "cerca de", "por volta de" transmitem a ideia de imprecisão.

Normalmente, expressões imprecisas são resultantes de incertezas do autor. Isso pode ocorrer em função de: análises incompletas (nesse caso, o pesquisador deve retomar a análise de dados para depois voltar à redação com informações mais precisas); dados insuficientes que não geraram análises que permitissem conclusões (nesse caso, o pesquisador deve excluir o texto ou aumentar o tamanho da amostra, coletando mais dados e refazendo as análises). Caso não seja possível coletar mais dados ou desenvolver análises mais precisas, deve-se considerar a exclusão do texto impreciso.

Seguem alguns exemplos de textos que foram reescritos eliminando-se a imprecisão:

- **quase a metade** dos administradores entrevistados afirmaram [...] <small>REESCRITO</small> 47% dos administradores entrevistados afirmaram [...]

- a mesma gastou **aproximadamente** 20 milhões de reais para sanar [...] <small>REESCRITO</small> a mesma gastou 19 milhões de reais para sanar [...]
- o que **parece** indicar que para estes sujeitos [...] <small>REESCRITO</small> o que indica que para estes sujeitos [...]

8.15 FALTA DE HUMILDADE

Na redação de seu texto científico, o pesquisador deve restringir-se a divulgar as informações mínimas necessárias para que os demais pesquisadores compreendam os achados da pesquisa. Seu texto não deve julgar e muito menos enaltecer os resultados alcançados. A valorização dos achados da pesquisa não é feita no próprio texto em que ela é divulgada para a comunidade científica; o enaltecimento é recebido ao longo do tempo – pela quantidade de citações que o artigo receberá da comunidade científica, por exemplo.

Postura arrogante e pretensiosa não cabe na redação de textos científicos: gerará percepção negativa e desconfiança dos leitores com relação ao texto. Artigos com essas características apresentam mais dificuldade de serem bem avaliados e publicados em revistas científicas de alto impacto, considerando que os *referees* são os primeiros leitores do artigo.

A seguir, são apresentados alguns exemplos de autopromoção dos achados da pesquisa, bem como a frase reescrita a fim de evitar a percepção negativa do leitor. Após cada exemplo há um comentário da situação retratada.

- Conforme observado nas simulações realizadas, o modelo proposto **apresenta o melhor desempenho preditivo para o problema** [...] <small>REESCRITO</small> Conforme observado nas simulações realizadas, o modelo proposto **apresenta melhor desempenho preditivo em relação aos outros três modelos testados para o problema** [...]

A segunda redação deixa claro que o cientista que propõe o modelo não é pretensioso e leviano em afirmar que o seu modelo é o melhor de todos para o problema. Ele é apenas melhor que os outros três modelos analisados e testados pela pesquisa. A redação considera que pode haver outros tantos modelos, não comparados com o modelo proposto, que podem ter melhor desempenho.

- **Esta é a primeira pesquisa a** associar a teoria da institucionalização com [...] <small>REESCRITO</small> **Destaca-se que esta pesquisa** a associa a teoria da institucionalização com [...]

A redação reescrita dá o destaque sem a necessidade de autopromoção de dizer que é a primeira a fazer tal coisa. Como os leitores e, principalmente, os *referees* das revistas científicas são especialistas no tema (ninguém lê revista científica por entretenimento), eles saberão interpretar e valorizar o aspecto destacado pelo redator. O texto deve dar as informações para que os leitores concluam sobre os aspectos mais positivos, que não devemos enaltecer em demasia, para não correr o risco de o texto ser rotulado como arrogante e pretensioso.

Uma característica observada nas grandes obras científicas é a humildade de seus atores em reconhecer que tudo é apenas uma pequena colaboração perante a extensão do todo que está por ser desenvolvido. Observe nos textos seguintes, extraídos da obra *Discurso do Método*, de Descartes (1999, p. 2, grifo nosso), a modéstia e simplicidade deste grande pensador:

> Mas não recearei dizer que julgo ter tido muita felicidade de me haver encontrado, a partir da juventude, em determinados caminhos, que me levaram a considerações e máximas, das quais formei um método, pelo qual me parece que eu consiga aumentar de forma gradativa meu conhecimento, e de elevá-lo, pouco a pouco, ao mais alto nível, *a que a mediocridade de meu espírito e a breve duração de minha vida lhe permitam alcançar.* Pois já colhi dele tais frutos que, apesar de no juízo que faço de mim próprio eu procure inclinar-me mais para o lado da desconfiança do que para o da presunção, [...]
>
> Contudo, *pode ocorrer que me engane, e talvez não seja mais do que um pouco de cobre e vidro o que eu tomo por ouro e diamantes. Sei como estamos sujeitos a nos enganar no que nos diz respeito, e como também nos devem ser suspeitos os juízos de nossos amigos, quando são a nosso favor.* Mas apreciaria muito mostrar, neste discurso, quais os caminhos que segui, e representar nele a minha vida como num quadro, para que cada um possa julgá-la e que, informado pelo comentário geral das opiniões emitidas a respeito dela, seja este uma nova forma de me instruir, que acrescentarei àquelas de que tenho o hábito de me utilizar.

8.16 FALTA DE UNIFORMIDADE DE TERMOS

Ao longo do texto, o redator deve ater-se em utilizar sempre que possível o mesmo termo, evitando a utilização de sinônimos. O emprego de termos sinônimos pode gerar dificuldades na compreensão da informação pelo leitor. Por mais próximos que sejam dois termos, sempre haverá algumas alternativas de interpretação ligeiramente distintas entre eles, o que pode levar o leitor a imaginar a referência do redator a duas entidades distintas. Por exemplo, o termo "funcionário" pode ser entendido como pessoas registradas e associadas à empresa por algum tipo de contrato trabalhista; já o termo "colaborador" pode ser interpretado como todos aqueles que atuam na empresa, inclusive os terceiros contratados junto a prestadoras de serviços.

Seguem alguns exemplos de parágrafos de textos científicos que trabalharam com termos sinônimos e as respectivas reescritas, eliminando a diversidade de termos:

- O segundo ponto que não favorece a integração é o tipo de **software** que as empresas utilizam. Em quase todas as empresas o uso do **programa de informática** é parcial ou possui foco [...] <REESCRITO> O segundo ponto que não favorece a integração é o tipo de **software** que as empresas utilizam. Em quase todas as empresas o uso do **software** é parcial ou possui foco [...]
- O desenvolvimento de **instrumentos de medida** para análise da qualidade da produção é o objeto de interesse desta pesquisa. Tais **réguas** podem ser consideradas [...] <REESCRITO> O desenvolvimento de **instrumentos de medida** para análise da qualidade da produção é o objeto de interesse desta pesquisa. Tais **recursos** podem ser considerados [...]

Muitas vezes, o termo sinônimo surge como uma forma de o autor evitar a repetição de termos dentro de um mesmo parágrafo ou frase. Na redação científica é preferível a falha da falta de estilo com o uso de termos repetidos a correr o risco de má interpretação, e esse é o caso da solução aplicada para reescrita do primeiro exemplo. Outra forma de resolver o problema é não cunhar um novo termo, mas referenciar o primeiro. Essa solução é observada na solução dada ao segundo exemplo: "tais recursos" referem-se aos "instrumentos de medida". Aplicando essa mesma técnica na reescrita do primeiro exemplo, teríamos: "O segundo ponto que não favorece a integração é o tipo de *software* que as empresas utilizam. Em quase todas as empresas o uso *deste recurso tecnológico* é parcial ou possui foco [...]".

9

ELEMENTOS ESTRUTURANTES DO TEXTO CIENTÍFICO

Esta seção aborda as características específicas de cada um dos elementos estruturantes do texto científico, como título, resumo, palavras-chave, método, discussão, referências, entre outras. A proposta é comentar características que os *referees* e pesquisadores da comunidade científica esperam encontrar em cada um desses elementos estruturantes. Há comentários e exemplos de características desejáveis e indesejáveis desses elementos. A sequência da apresentação e discussão dos tópicos guarda a mesma ordem da aparição desses elementos dentro da estrutura do texto científico:

- Título;
- Resumo;
- Palavras-chave;
- Introdução: declaração do problema (justificativa da pesquisa);
- Introdução: formulação da pergunta de pesquisa;
- Introdução: objeto, objetivo e objetivos específicos;
- Método: paradigma/alegação do conhecimento empregado pelo pesquisador;
- Método: tipo da pesquisa;
- Método: estratégia de pesquisa adotada;
- Método: técnicas de pesquisa empregadas;
- Insumos coletados: declaração quanto à origem e natureza;
- Referencial teórico: não confundir diálogo com a literatura com revisão teórica;
- Conclusão ou Discussão dos resultados;
- Referências (e citações).

9.1 TÍTULO

O título é um nome identificador: pode ser compreendido como o nome de uma pessoa ou o rótulo de um produto. Por não ser uma frase ou sentença, a redação do título não possui ponto final, engano frequentemente cometido por pesquisadores iniciantes. Observe que em seus documentos pessoais, como a carteira de motorista ou registro geral, seu nome não apresenta ponto final, assim como nos rótulos de produtos, nomes de filmes, carros e peças de teatro.

Uma característica do título é a concisão, ou seja, é constituído com a menor quantidade de palavras capazes de descrever adequadamente o conteúdo do artigo. Esses são exemplos de palavras típicas que costumeiramente aparecem no título dos textos de cientistas iniciantes e que não agregam nenhum valor: "Um estudo..." ou "Uma pesquisa...". Esse tipo de início de título já demonstra redundância. Todo texto publicado em anais de congresso ou na seção de artigos da revista científica são oriundos de uma pesquisa ou estudo. Para direcionar os autores ao desejado, ou seja, títulos objetivos e diretos, a maioria das revistas científicas limita o número de palavras ou de caracteres do título, e muitas estabelecem o máximo de 15 palavras.

O título do texto científico deve declarar o objeto central da pesquisa de forma simples e direta; não deve haver dúvidas sobre o tema do artigo. Ao contrário de títulos de filmes e peças de teatro, o título do texto científico não deve conter jargões, metáforas, abreviaturas ou siglas. Mesmo com essas limitações, o autor deve ser criativo para criar o título mais atrativo a fim de despertar o interesse do leitor.

É costumeiro haver verbo no título: ele dá sentido de ação e informa ao leitor a perspectiva na qual o objeto de pesquisa será trabalhado, ou seja, o contexto em que o tema é abordado. Apesar da sua utilidade, o verbo não é obrigatório, e pode-se desenvolver bons títulos sem o emprego de verbos. Exemplos (retirados das Referências deste livro): *Novas tecnologias, velhos hábitos: automação sem inovação*" (DE SORDI; MEIRELES e VALENTIM, 2012); "*Perfil empreendedor e desempenho organizacional*" (SCHMIDT, S. e BOHNENBERGER, 2009).

Outro aspecto refere-se aos títulos compostos: título mais subtítulo. Nesse caso, eles são separados pelo sinal gráfico dois-pontos. Ao se trabalhar com subtítulo, deve haver um cuidado para não tornar o título muito extenso. Muitas vezes, o título é apenas um substantivo ou uma expressão, seguido dos dois-pontos e da redação do subtítulo. Exemplos (mais uma vez retirados das Referências deste livro): *seis sigma: fatores críticos de sucesso para sua implantação*" (TRAD e MAXIMIANO, 2009); "*Políticas para stakeholders: um objetivo ou uma estratégia organizacional?*" (CAMPOS, 2006).

Uma forma interessante de compor o título é a interrogativa: *Como você fez sua escolha? O papel do foco motivacional sobre a tendência a inovar*" (MANTOVANI; KORELO e PRADO, 2012); "*Arranjo produtivo local ou aglomerado de empresas? Distinção por atributos associados à temática transferência de informação*" (DE SORDI e MEIRELES, 2012). Pesquisas recentes declaram que artigos científicos que incitam a curiosidade por meio de títulos interrogativos são os mais acessados e mais atraentes ao leitor, além de também receberem mais citações (JAMALI e NIKZAD, 2011). Embora os títulos interrogativos sejam menos frequentes que os títulos descritivos, eles têm crescido substancialmente nos últimos anos (BALL, 2009).

Como a redação do texto científico passa por diversas alterações durante a sua montagem, o título deve ser a última parte do texto científico a ser redigida, lembrando que o título deve sintetizar a ideia principal da pesquisa realizada e redigida no texto. Isso não significa que não devemos trabalhar com um título provisório; pelo contrário, ele serve para inspirar o pesquisador e a todos da equipe do projeto de pesquisa.

Regras gerais para o título de texto científico: deve ser a última parte do texto a ser escrita, deve ser conciso, específico (declara objeto central e a ação sobre ele) e atraente.

9.2 RESUMO

Nos países de língua inglesa há dois tipos de resumo: o científico, denominado *abstract*, e o não científico, denominado de *summary*. Segundo uma das maiores editoras de textos científicos (EMERALD, 2012), o resumo é:

> [...] um texto sucinto de um longo texto de trabalho, geralmente de natureza acadêmica, que é publicado isoladamente do texto principal e deve, portanto, fazer sentido e ser compreensível sem referência ao texto mais longo. Ele deve relatar fatos essenciais deste último e não deve exagerar ou conter material que não esteja lá.

O resumo é parte fundamental da publicação científica, e assim como o título, é a parte da comunicação científica mais lida. O primeiro contato dos leitores com o texto científico é a leitura do título e, segundos depois, se o título for pertinente com as expectativas, a leitura do resumo. Esses são os primeiros elementos de decisão sobre a qualidade e pertinência do texto.

Conforme destacado pela Emerald (2012), na citação anterior, um resumo deve ser conciso e autônomo, ou seja, deve falar por si, sem obrigar o leitor a ler o texto principal para compreender qual é a temática tratada no artigo (objeto central e ação sobre ele). Assim como o título, ele deve sintetizar a ideia principal da pesquisa realizada e redigida no texto científico; por isso, o resumo é uma das últimas redações desenvolvidas na comunicação científica.

Normalmente, o resumo é a penúltima redação: após ele, apenas a redação do título. A redação do resumo obriga o redator a lembrar de muitos aspectos da pesquisa realizada e já redigida no texto. Uma vez concluído o resumo, o redator está com todas as informações necessárias na memória para desenvolver um bom título. A elaboração do resumo é o aquecimento perfeito para a elaboraçãodo título – por isso a sugestão de redigir primeiro o resumo e logo depois o título.

Ao contrário do título provisório, o resumo provisório não tem serventia. Ele é fonte de muito retrabalho para se manter atualizado. O melhor a fazer é redigir apenas um resumo, ao término da redação do texto científico.

O resumo deve ser conciso e respeitar o tamanho máximo indicado pelo editor da revista científica, pelo comitê científico do congresso ou demais entidades que publicam comunicações científicas. A norma brasileira (NBR 6028:2003) recomenda que o tamanho do resumo de artigos científicos esteja entre 100 e 250 palavras. A *American National Standards Institute* (ANSI) recomenda que o tamanho do resumo de artigos científicos esteja entre 100 e 250 palavras. Para textos científicos mais extensos, como relatórios científicos, teses, dissertações e monografias, a norma brasileira indica resumos com tamanho de 150 a 500 palavras.

Um aspecto fundamental a ser observado no resumo é a estrutura solicitada pelas normas: deve estar restrito a um parágrafo. Esse é outro erro muito comum de pesquisadores iniciantes: quebrar o resumo em parágrafos. A redação deve ser na voz ativa e elaborada do ponto de vista de uma terceira pessoa (do singular: coerente com a imparcialidade do pesquisador). O resumo não deve incluir: exemplos, formalidades, repetições, elementos não textuais (como quadros e tabelas...), acrônimos, abreviações, símbolos, aspectos de menor importância, termos não conhecidos e fatos genéricos já conhecidos (EPPLER, 2006). Tudo muito lógico, considerando que a descrição dos achados e a forma de se alcançar tais resultados já consome quase a totalidade das aproximadamente 200 palavras. Não sobra espaço no resumo para informações secundárias.

Há dois tipos de resumos científicos: o *informativo*, que declara os achados e as conclusões da pesquisa, e o *descritivo* (ou indicativo), que não os declara. Muitas editoras, autores e pesquisadores estabelecem a seguinte vinculação: resumo informativo, aplicados à descrição de pesquisas originais, como as encontradas em teses e artigos científicos; resumo descritivo, associado a documentos extensos sem necessidade de achados originais, como propostas para conferências, relatórios de campo e relatórios empresariais (TENOPIR e JACSO, 1993). A regra geral na comunicação científica é o resumo informativo, ou seja, sempre se declara os principais achados descritos na comunicação científica.

Quanto à abrangência e diversidade dos conteúdos a serem abordados no resumo, há uma técnica bastante difundida e empregada na academia: o AIMRaD. Compreendida como aplicação da lógica IMRaD[1] ao desenvolvimento de *abstracts*, o AIMRaD sugere que as frases do resumo abordem quatro temas: *introdução*, o porquê da realização do estudo (problema de pesquisa); *método*, quando, onde e como a pesquisa foi conduzida; *resultados*, resposta encontrada à questão de pesquisa; e *discussão*, interpretação da resposta encontrada, ou seja, como ela se integra e seu impacto em relação ao conhecimento científico vigente (DAY, 1989).

Nos resumos bem redigidos, a presença dos quatro temas descritos pela técnica AIMRaD é facilmente detectada. Como exemplo da presença dessa estrutura, a Figura 9.1 apresenta e analisa o resumo de Ozcan e Eisenhardt (2009) que recebeu premiação como um dos três melhores artigos publicados pela revista científica *Academy of Management Journal*, em 2009.

---

1 É uma das orientações aos que desejam submeter artigos a revistas da área de biomédicas; sugere a estruturação do artigo científico nas seguintes seções: Introdução, Método, Resultados e Discussão (IMRaD.)

FIGURA 9.1 – Identificação dos quatro temas da técnica AIMRaD em resumos

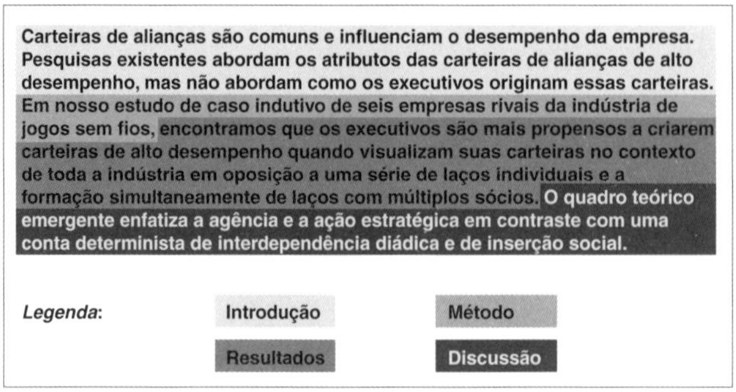

Carteiras de alianças são comuns e influenciam o desempenho da empresa. Pesquisas existentes abordam os atributos das carteiras de alianças de alto desempenho, mas não abordam como os executivos originam essas carteiras. Em nosso estudo de caso indutivo de seis empresas rivais da indústria de jogos sem fios, encontramos que os executivos são mais propensos a criarem carteiras de alto desempenho quando visualizam suas carteiras no contexto de toda a indústria em oposição a uma série de laços individuais e a formação simultaneamente de laços com múltiplos sócios. O quadro teórico emergente enfatiza a agência e a ação estratégica em contraste com uma conta determinista de interdependência diádica e de inserção social.
Legenda:
Introdução
Método
Resultados
Discussão

Fonte: adaptado de Ozcan e Eisenhardt (2009).

A fim de assegurar que os pesquisadores informem todos os tópicos relevantes e facilitar a pesquisa do leitor, muitas revistas optam pelo uso do resumo estruturado. Nessa modalidade, o editor indica os tópicos mandatórios e opcionais a serem redigidos pelo autor, indicando, inclusive, o tamanho máximo de cada um (quantidade de caracteres ou palavras). A Figura 9.2 apresenta um exemplo de resumo estruturado:

FIGURA 9.2 – Exemplo de resumo estruturado

Choosing a quality improvement project using the analytic hierarchy process

Henny van de Water and Jan de Vries

Faculty of Management and Organization, University of Groningen, Groningen, The Netherlands

Quality improvement projects

409

Received December 2003
Revised October 2004

Abstract

Purpose – The purpose of this article is to address ways in which customer satisfaction could be improved.

Design/methodology/approach – In this article it is shown how the analytic hierarchy process (AHP) can be of use in making a choice between a number of alternative quality improvement projects. A case study performed in a large information technology oriented company illustrates that the model can play an important role in reaching a consensus about the ranking of quality management projects.

Findings – Results of the case study suggest that the AHP can strongly contribute to a more effective way of communicating and transforming knowledge between experts from different disciplines during quality improvement projects.

Originality/value – Based on this case study, it can be concluded that by means of the AHP model a rather simple method of making a decision regarding pilot projects related to quality improvement is available to companies. One final advantage of the AHP approach as experienced in the case study relates to the possibility to explore inconsistent judgements.

Keywords Analytical hierarchy process, Quality improvement, Quality management, Customer satisfaction, The Netherlands

Paper type Case study

Introduction

During the past decades a considerable amount of attention from different disciplines and different management areas is given to a wide range of quality issues. In Dale (2003), for example, a wealth of case material can be found as well as many references to academic research and recent publications, addressing different aspects of quality

Resumo Estruturado
Sessões de Texto:
- objetivo
- método
- descobertas
- originalidade/valor

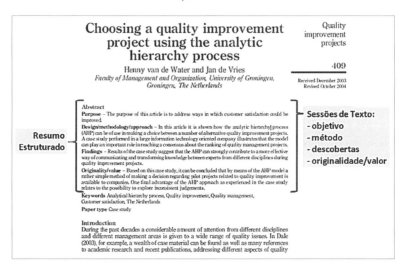

Fonte: adaptado de Van de Water e De Vries (2006, p. 409).

Há muitas estruturas de sessões de texto propostas para resumos estruturados, a depender da editora que irá publicar o texto científico bem como da natureza do documento (artigo, resenha, caso para ensino...). A estrutura mais genérica de resumo estruturado solicitado pela editora Emerald inclui: finalidade, método, descobertas, limitações da pesquisa (se aplicável), implicações práticas (se aplicável), implicações sociais (se aplicável) e originalidade/valor.

Além do resumo textual ou estruturado, algumas revistas da área de ciência da informação e gestão da informação iniciaram há alguns anos a possibilidade de agregação do resumo gráfico (*graphical abstract*). Observe que esse resumo não é uma alternativa ao resumo textual, pois não exclui a obrigatoriedade de redigir um bom resumo. O grupo Elsevier tem um repositório que publica artigos de revistas científicas de diversas áreas da ciência. No seu motor de busca há a possibilidade da leitura do resumo textual e, eventualmente, também os resumos gráficos. Segundo o grupo Elsevier (2012) o resumo gráfico:

> [...] é um único, conciso resumo pictórico e visual dos resultados principais do artigo. Este pode ser uma figura da conclusão do artigo ou uma figura especialmente projetada para este propósito, que captura o conteúdo do artigo para os leitores em uma única olhada.

Diversos exemplos de resumo gráfico podem ser observados no *website* da Elsevier. Na Figura 9.3, há um exemplo de resumo gráfico:

FIGURA 9.3 – Exemplo de resumo gráfico

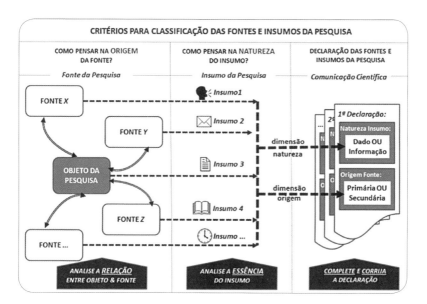

O resumo tem importância crescente no meio científico, pois não só facilita o acesso e a citação a textos já publicados como também é parte importante do processo de avaliação de textos científicos que almejam publicação. Muitas editoras, revistas científicas e congressos publicam chamadas à seleção e publicação de artigos, que devem ser respondidos pelos pesquisadores com o prévio envio de um resumo; caso o resumo seja aprovado, solicita-se aos pesquisadores o envio do texto completo. Em suma, o resumo é elemento seletivo em diversos processos de avaliação de comunicações científicas.

A existência de resumo é um dos principais diferenciais da informação científica para a não científica. É por isto que a Emerald (2012) utilizou a afirmação "geralmente de natureza acadêmica" na definição do termo *resumo*. O resumo apresenta-se como um desafio às organizações voltadas ao capital intelectual (que praticam a *knowledge based strategy*) – mais especificamente, precisam adaptar a cultura informacional para a necessidade de criação de resumos. Resumos bem elaborados de informações extensas, como relatórios contendo muitas páginas, agregam muito valor à informação. Eles aceleram o processo de conscientização do provável leitor quanto ao conteúdo da informação e, consequentemente, facilitam a tomada de decisão no que tange à leitura ou não da informação. É por essa razão que a gestão da qualidade da informação recomenda que o atributo "resumo" deva estar entre os atributos de identificação da informação, de igual importância aos atributos"título", "data da criação", "autor" e "palavras-chave"(DE SORDI, 2008).

Para auxiliar as organizações nesse desafio, muito desenvolvimento tem sido feito em diversos campos. Na área de software, criou-se uma categoria de softwares especializados: os *automatic text summarization softwares* ou *summarizers softwares*. Como o resumo consome tempo para ser bem desenvolvido, a ideia desse software é permitir que o centro de informação das organizações gere o resumo para cada novo acervo intelectual, desobrigando seus autores (*knowledge workers* ou KW) dessa tarefa. Geralmente, os autores são os mais criativos e mais demandados dentro das organizações; essa ferramenta permite manter o foco dos KW nos desafios da organização sem comprometer a criação do capital intelectual (DE SORDI e MEIRELES, 2009).

9.3 PALAVRAS-CHAVE

As palavras-chave descrevem o conteúdo do texto científico: elas são metadados[2] amplamente utilizados como indexadores, ou seja, termos de busca para futuras recuperações do conteúdo. A grande maioria dos motores de busca (*search engine*) permite pesquisa específica por palavra-chave. As palavras-chave são definidas pelos autores do texto, mas também podem ser identificadas por algoritmos dos softwares especializados em taxonomias (*taxionomy softwares*). O emprego de software é mais comum na indexação de textos não científicos, assim como ocorre com a criação automática de resumo (*summarizers softwares*).

As revistas científicas normalmente solicitam de três a cinco palavras-chave, que devem ser informadas pelos autores ou selecionadas a partir de um catálogo de palavras-chave pré-definidas pela editoria da entidade que publica o texto científico. Para informar ou selecionar as palavras-chave adequadas, o autor deve identificar quais são as principais informações do texto, colocar-se no papel dos potenciais interessados por tais informações e imaginar as palavras mais prováveis que estes utilizariam como critério de busca. Para o autor, a seleção das palavras-chave adequadas é fundamental; facilita a busca e recuperação de seus textos e aumenta o valor agregado do texto para a sociedade, retratada por indicadores como maior quantidade de downloads ou quantidade de unidades vendidas ou maior quantidade de citaçoes recebidas.

As palavras-chave não devem ser genéricas, e sim retratar a especificidade do conteúdo abordado no texto. Imagine a busca em uma revista cuja temática central seja botânica: de pouco adiantaria a existência de uma palavra-chave "vegetação", porém "vegetação tropical" já é mais apropriada como critério de busca. A redação das palavras-chave é caracterizada por palavras no singular, e deve-se evitar acrônimos, exceto os amplamente difundidos entre a comunidade.

---

2   Dados que descrevem um dado ou item – por exemplo, palavra-chave associada a um texto científico.

9.4 INTRODUÇÃO: DECLARAÇÃO DO PROBLEMA (JUSTIFICATIVA DA PESQUISA)

É a parte do texto científico que dá aos leitores informações prévias da pesquisa realizada. O objetivo central dessa seção é definir com muita clareza o problema abordado pela pesquisa, e para isso ela estabelece relações (citações) a diversas outras pesquisas (CRESWELL, 2007). As citações estão associadas ao problema em discussão da seguinte forma: auxiliam na evidenciação e compreensão do problema, evidenciam que se trata de um problema atual e válido e evidenciam também como o conhecimento científico pode colaborar para a discussão do problema em questão.

A leitura da introdução ocorre em um momento ainda de baixo envolvimento do leitor com o texto, normalmente logo após a leitura do título e o resumo. Isso requer muita atenção do redator na composição dos parágrafos iniciais da introdução: eles precisam despertar o interesse do leitor. É o mesmo desafio de roteiristas e diretores de filmes: os primeiros minutos do filme são cruciais para que os telespectadores decidam se permanecerão nas próximas duas horas assistindo ao filme. No caso de artigos científicos, pela limitação de espaço (quantidade de palavras), a redação da introdução torna-se ainda mais desafiadora.

Em artigos científicos, expressão maior no que diz respeito à qualidade e prestígio do conhecimento científico, há muita dedicação dos avaliadores no sentido de compreenderem e analisarem o problema abordado pelo texto científico. Ellis e Levy (2008) identificaram as principais características dos problemas científicos considerados não válidos pelos avaliadores:

a) abordar o problema "de uma" empresa ou "de uma" pessoa desinformada, ou seja, que não conhece as soluções já existentes. Na prática, significa dizer que nem todo problema é de interesse científico, pode ser apenas um problema de âmbito pessoal ou organizacional;

b) os pesquisadores não realizaram os esforços de seleção e leitura de artigos recentes e pertinentes às temáticas associadas ao problema de pesquisa e não perceberam que já existem boas soluções publicadas ("o reinventar da roda", muitas vezes dando soluções piores que as já existentes);

c) falta de amplitude (horizontal) no que diz respeito a trabalhar com poucos temas em relação ao que seria necessário, ou seja, poucos esforços de raciocínio analítico. Problemas complexos que envolvam muitos tópicos não podem ser simplificados e estudados parcialmente. Os pesquisadores não podem ignorar temas importantes associados ao problema;

d) falta de diálogo com os membros da academia (leitura de artigos científicos e citações destes), o que implica em "fazer de cabeça" ou por conta própria. Isso gerará maior dificuldade aos *referees* no sentido de compreenderem e avaliarem o problema: aumenta-se a chance de ser mal interpretado e avaliado. O diálogo ocorre sempre com base nos assuntos anteriores, as publicações recentes que antecederam a pesquisa. Imagine o seguinte contexto: depois de uma hora de reunião, para-se cinco minutos para o café, e no retorno ao trabalho um dos presentes esquece de tudo o que já foi dito e volta à estaca zero: "bom dia, o meu nome é fulano de tal...". Há a necessidade de ganchos mentais e continuidade na conversa recente (dialogar): "como comentei antes do café, aqui está o contrato...".

Ellis e Levy (2008) desenvolveram um *template* para auxiliar os pesquisadores a desenvolverem uma boa introdução de texto científico. Observe no *template* do Quadro 9.1 que os autores sugerem pelo menos nove citações a artigos publicados recentemente em revistas científicas:

QUADRO 9.1 – *Template* para declaração de problema

1. O que: Em não mais de duas frases, informe qual é o problema que a pesquisa abordará. Lembre-se, um problema é essencialmente algo "errado". Em não mais de duas frases, responda: qual o problema que a pesquisa abordará?
Quem: Cite três artigos científicos (com *peer reviewed*) recentes que considerem a *natureza do problema* de pesquisa e o descrevam brevemente.
2. Como, Onde e Quando: Novamente, em não mais do que duas frases, descreva o impacto do problema. Como as pessoas ou os pesquisadores percebem o impacto negativo do problema? Quando e onde o problema torna-se evidente?
Quem: Cite três artigos científicos (com *peer reviewed*) recentes que suportem o *impacto negativo* do problema que a pesquisa se propõe a abordar e descreva brevemente a natureza desse apoio.
3. Motivo: Em não mais do que duas frases, identifique a base conceitual para o problema, ou seja, o que a literatura científica delineia como as causas do problema?
Quem: Cite três artigos científicos (com *peer reviewed*) recentes que suportem a *base conceitual* do problema e sucintamente descrevam a natureza desse apoio.

Fonte: Ellis e Levy (2008, p. 28).

Algumas sugestões para a redação dos parágrafos introdutórios de textos científicos, os quais devem mencionar os nove artigos científicos recentes:

a) evite o uso de citações diretas[m], especialmente as longas. Para o *referee* isso pode ser compreendido como mais do mesmo (problema já pesquisado e resolvido) e/ou omissão do autor em não aparecer para o debate. Em bancas de avaliação é comum que os avaliadores, ao se depararem com essa situação, se expressem da seguinte forma: "não estou vendo a presença do autor neste texto, apenas textos de outros, parece que você se esconde à sombra dos outros. Cadê a opinião do autor deste texto?!?!" (CRESWELL, 2007);

b) para a descrição do problema, considere a inclusão de informações numéricas que causem impacto. Leitores são mais sensíveis a números: "a mortalidade infantil nesta situação é de 23% [...]";

c) muito provavelmente, os *referees* leem os textos publicados nas revistas para as quais avaliam artigos. Pensando nisso, é interessante citar, se possível, números recentes da revista para a qual se pretende encaminhar o artigo para avaliação. Isso facilitará a compreensão do problema em função do maior discernimento e conhecimento dos textos pelos *referees*.

9.5 INTRODUÇÃO: FORMULAÇÃO DA PERGUNTA DE PESQUISA

"Anote isso: a ciência, bem como o conhecimento de qualquer tipo, se inicia quando alguém faz uma **pergunta inteligente**. A pergunta inteligente é o começo da conversa com a natureza (ou com a sociedade)" (ALVES, 2008, p. 92, grifo nosso).

Logo após os parágrafos de declaração do problema, encerra-se a apresentação do problema com a redação da questão da pesquisa. Um problema, geralmente, é uma questão sem resposta; observe as situações do cotidiano: qual o melhor local para se morar? Como conseguir dinheiro para a nova casa? Os problemas são mais facilmente identificados e compreendidos quando redigidos e apresentados na forma de pergunta. O método clássico da pesquisa científica recomenda a elaboração da pergunta de pesquisa, e normalmente ela está presente no final do capítulo da introdução.

Seguem três exemplos de perguntas de pesquisa: "Quais são as razões para grandes mudanças de responsabilidade na cadeia de suprimentos?" (JOHNSON e LEENDERS, 2003, p. 27); "Quais são as implicações da visão do consumidor sobre inovação do *m-service* nos modelos de negócios?" (ERIKSSON et al., 2008, p. 30); e "Como a disciplina de gerenciamento de configuração está sendo praticada no sector aeroespacial europeu?" (BURGESS; MCKEE e KIDD, 2005, p. 294).

É comum, no meio científico, afirmar-se que o mais importante é a identificação de boas perguntas; as respostas – resultados da pesquisa – são consequências da identificação e formulação delas. Consultores, engenheiros, advogados, educadores, médicos e praticantes de forma geral têm como foco a prática de técnicas e métodos já conhecidos para proverem respostas a problemas também já conhecidos. Pesquisadores têm como desafio adicional a identificação de novos problemas, válidos cientificamente, ou seja, não basta ser um problema, tem de ser original: "É sempre assim: quando as perguntas não são boas, as respostas não servem para nada" (ALVES, 2008, p. 94, grifo nosso).

9.6 INTRODUÇÃO: OBJETO, OBJETIVO E OBJETIVOS ESPECÍFICOS

Na introdução, há a declaração do objetivo da pesquisa que cita seu objeto central. O objeto é a entidade estudada pela pesquisa, normalmente um substantivo. O objetivo é redigido com pelo menos um verbo que declara as intenções do que se almeja alcançar com relação ao objeto de estudo da pesquisa.

A redação dada ao objetivo da pesquisa já indica algumas características principais do método de pesquisa praticado. Por exemplo, verbos como "correlacionar", "relacionar", "averiguar" e "testar" são típicos da pesquisa quantitativa (com teste de hipóteses); já os verbos "descrever", "entender" e "desenvolver" indicam pesquisa qualitativa.

O objetivo da pesquisa, também denominado de objetivo geral, indica a finalidade da pesquisa. Ele responde a pergunta "para quê?" e pode ser decomposto em objetivos específicos, que descrevem metas mais específicas da pesquisa. Os objetivos específicos são pontuais, pois correspondem a metas que devem ser alcançadas, sem as quais o objetivo geral não pode ser alcançado. A seguir, a transcrição de um texto científico que declara o objetivo da pesquisa, seguido de seus objetivos específicos:

> Este artigo explora e analisa a dinâmica das relações de trabalho em uma organização caracterizada por força de trabalho etnicamente muito diversa. Os objetivos específicos são:
>
> I. entender os fatores que estão contribuindo para altos níveis de diversidade étnica;

2. descobrir as maneiras com que essa diversidade se manifesta no ambiente organizacional; e

3. explorar as ramificações desta diversidade e suas implicações entre indivíduos e grupos de trabalhadores, como também entre gerentes e grupos de trabalhadores (OGBONNA e HARRIS, 2006, p. 379).

Observe que no objetivo geral é muito fácil detectar o objeto da pesquisa. No exemplo descrito, o objeto é definido como "relações de trabalho". O estudo desse objeto está ligado às empresas que apresentam força de trabalho muito diversa em termos étnicos.

O objetivo e a pergunta de pesquisa devem estar totalmente alinhados e coerentes. Para o problema "Como a disciplina de gerenciamento de configuração está sendo praticada no sector aeroespacial europeu?" (BURGESS, MCKEE e KIDD, 2005, p. 294), o seguinte objetivo é apresentado: "Neste artigo nós examinamos como a disciplina de gerenciamento de configuração é praticada na indústria aeroespacial europeia" (BURGESS, MCKEE e KIDD, 2005, p. 290).

Autores mais experientes em artigos científicos, escrevendo textos menos extensos, muitas vezes optam por declarar apenas o objetivo ou o problema, evitando, assim, a interpretação dos *referees* da existência de textos redundantes e desnecessários no artigo. Para pesquisadores iniciantes, em textos sem limitações de palavras, como dissertações e monografias, o ideal é que objetivo e problema estejam redigidos. Lembrando que o propósito desses textos é a apresentação e avaliação do autor como pesquisador; assim, é mais prudente demonstrar discernimento dessas duas entidades importantes da estrutura da pesquisa científica.

9.7 MÉTODO: PARADIGMA/ALEGAÇÃO DO CONHECIMENTO EMPREGADO PELO PESQUISADOR

Na descrição do método empregado na pesquisa, um erro muito comum do pesquisador principiante é a denominação inadequada da seção que trata do assunto. Em vez da denominação "método da pesquisa" ou "procedimentos operacionais da pesquisa", muitas vezes opta-se incorretamente pela denominação "metodologia da pesquisa". Metodologia da pesquisa é o nome da disciplina que aborda o estudo de métodos científicos. Na pesquisa, o autor não está estudando métodos de pesquisa, mas praticando um conjunto de técnicas na sequência mais apropriada para análise e discussão do problema em questão.

No início da seção de método da comunicação científica, é recomendável que o pesquisador declare sua percepção epistemológica[3] quanto ao processo de criação do conhecimento científico empregado na pesquisa, ou seja, o paradigma para alegação da validade do conhecimento científico. A estrutura de paradigmas mais tradicional é composta de duas opções: a positivista e a fenomenológica, descritas na Tabela 9.1.

TABELA 9.1 – Paradigmas para alegação do conhecimento científico

PARADIGMA POSITIVISTA	PARADIGMA FENOMENOLÓGICO
Quantitativo	Qualitativo
Objetivo	Subjetivo
Experimental	Interpretativo

Taxonomias de paradigmas de pesquisa mais recentes, como aquela proposta por Creswell, apresentam quatro opções. O paradigma positivista é mantido e o fenomenológico é decomposto em três:

a) construtivismo (entendimento, construção social e histórica, geração de teoria, significados múltiplos dos participantes);

b) reivindicatória/participatória (política, orientada para delegação de poder, colaborativa, orientada para mudança); e

c) pragmatismo (consequência das ações, centrado no problema, pluralista, orientada para prática do mundo real).

O pesquisador, ao declarar o paradigma para alegação do conhecimento científico gerado, está demonstrando discernimento do contexto estrutural da pesquisa científica e também antecipando ao leitor aspectos associados ao contexto do ambiente pesquisado e dos resultados alcançados. A declaração do paradigma deve estar presente em textos probatórios de capacitação do pesquisador-autor, como dissertações e teses, a fim de evidenciar a compreensão do pesquisador dos aspectos estruturantes da pesquisa científica. Em artigos científicos, muitas vezes, a informação do

---

3 A epistemologia, também chamada de teoria do conhecimento, é o ramo da filosofia interessado na investigação da natureza, fontes e validade do conhecimento.

paradigma é omitida em função da coesão (menor quantidade de texto) e do nível de maturidade técnica dos leitores e dos autores. Estes leem e redigem com o foco em analisar e divulgar o novo conhecimento científico, não há a preocupação em averiguar ou provar que os autores dominam os princípios da pesquisa científica.

9.8 MÉTODO: TIPO DA PESQUISA

Ainda no início da seção de método da pesquisa, logo após a declaração do paradigma empregado na pesquisa e ainda no mesmo parágrafo, costuma-se declarar o tipo da pesquisa realizada.

Uma forma bastante comum de tipologia de pesquisa é considerar a natureza do método empregado: quantitativo, qualitativo ou misto. O tipo quantitativo está associado ao emprego de técnicas estatísticas que auxiliam na análise de relacionamentos entre variáveis. A pesquisa qualitativa emprega técnicas interpretativas para análise e compreensão de fenômenos, de natureza subjetiva. A pesquisa do tipo misto emprega tanto técnicas qualitativas quanto quantitativas. A Tabela 9.2 apresenta as principais características dos métodos de pesquisa qualitativo e quantitativo:

TABELA 9.2 – Características das pesquisas qualitativa e quantitativa

	QUANTITATIVO	QUALITATIVO
Propósito	Busca explicações e previsões para desenvolver generalizações	Visa uma melhor compreensão de situações complexas
Processo de pesquisa	Variáveis conhecidas, diretrizes estabelecidas, métodos pré-determinados, objetivo	Variáveis desconhecidas, diretrizes flexíveis, métodos emergentes, subjetivo
Coleta de dados	Numéricos, grande amostra representativa, instrumentos padronizados	Textuais ou imagem, pequena amostra, observações e entrevistas pouco estruturadas
Análise dos dados	Análise estatística, objetividade, raciocínio dedutivo	Busca por temas e categorias, análise subjetiva, raciocínio indutivo
Achados	Números, estatísticas, dados agregados, estilo científico tradicional	Palavras, narrativas, citações, estilos diversos e menos tradicional

Fonte: Disponível em: <http://www.ualberta.ca/dept/slis/cais/olson.htm>. Acesso em: 10 maio 2013.

Para o leitor de uma comunicação científica, o tipo de pesquisa pode ser facilmente deduzido ao ler o conteúdo da seção método da pesquisa: lá as técnicas estão descritas, bem como sua ordem de aplicação. Dessa forma, a declaração do tipo de pesquisa não agrega valor para a comunicação científica e é totalmente dispensável, principalmente nos artigos científicos que necessitam ser mais coesos. A informação do tipo do método de pesquisa empregado não está entre os principais objetivos do leitor de uma comunicação científica: o foco está no novo conhecimento científico gerado. As técnicas são meio, e não o fim da pesquisa. A observação das técnicas e de sua ordem de aplicação existe para que o leitor possa analisar o rigor do método científico empregado. O foco central do leitor não é o tipo do método em si, mas a discussão dos resultados alcançados a partir da aplicação das técnicas.

A ênfase exagerada na discussão de preferências por tipos de métodos qualitativos ou quantitativos tem sido criticada pela academia. Discutir a preferência por método quantitativo ou qualitativo não faz sentido: eles são escolhidos em função do problema que se apresenta ao pesquisador. Como diria Rubem Alves (2008): para cada tipo de peixe que se deseja pescar há o tipo mais adequado de varinha e isca; a definição é em função do peixe. O método de pesquisa é como a varinha e a isca: não é questão de preferência, mas de adequação ao peixe – no caso da pesquisa, de adequação ao problema de pesquisa que se apresenta.

O detalhamento e a seleção das diversas técnicas qualitativas ou quantitativas dependerão da experiência do pesquisador e do grupo de pesquisa em buscar a melhor forma para análise e discussão do problema de pesquisa. Há concordância entre os pesquisadores em relação ao fato de que os métodos de pesquisa (qualitativo ou quantitativo) precisam mais um do outro, e não devem ser considerados opções excludentes. Daí o grande crescimento de métodos mistos de pesquisa, principalmente na área das ciências sociais.

Os debates sem sentido e infrutíferos sobre preferências por tipo de método de pesquisa são bem retratados pelo título do artigo de Olson, *Pesquisa quantitativa versus pesquisa qualitativa: a questão.*

9.9 MÉTODO: ESTRATÉGIA DE PESQUISA ADOTADA

Ainda na seção de "método da pesquisa" ou "procedimentos operacionais da pesquisa", após a declaração do paradigma e do tipo de pesquisa, deve-se indicar a estratégia para execução da pesquisa.

Crotty (1998, p. 1) destaca a grande confusão de termos empregados na triangulação entre tipo de pesquisa, estratégia de pesquisa e técnica de pesquisa, em especial nos textos da área de ciências sociais.

> [...] métodos geralmente não são expostos de uma forma altamente organizada e podem parecer mais com labirintos do que com vias ordenadas para a pesquisa ordenada. Fala-se muito de seus fundamentos filosóficos, mas como as metodologias e métodos relacionam-se mais a elementos teóricos, frequentemente não são muito claros. Para aumentar a confusão, a terminologia está longe de ser consistente na literatura sobre pesquisa, em especial nos textos de ciências sociais. Frequentemente encontramos o mesmo termo utilizado de diferentes formas, às vezes até de formas contraditórias.

A área das ciências sociais aplicadas é a que apresenta maior diversificação no que diz respeito a variedades de tipos de pesquisa (quantitativo, qualitativo e misto) e de paradigmas de pesquisa (positivista, construtivismo, reivindicatória/participatória e pragmatismo). Assim, é natural que essa área apresente mais dificuldades com relação ao emprego dos termos.

A estratégia de pesquisa pode ser compreendida como a forma sistemática de resolver um problema de pesquisa. Ao escolher uma estratégia de pesquisa, define-se um conjunto de passos padrões a serem realizados pelo pesquisador segundo a lógica prévia daquela estratégia. A escolha da estratégia de pesquisa também define o paradigma de pesquisa e pelo menos um dos dois tipos principais de pesquisa: se qualitativo ou quantitativo (podendo ainda ser misto). Por exemplo, a definição pela estratégia de pesquisa "projetos experimentais" indica uma pesquisa de tipo quantitativa e com paradigma de pesquisa positivista.

Entre as estratégias de pesquisa mais difundidas temos: experimental (ou experimentos), quase-experimental, fenomenológica, etnográfica, embasada na realidade (*grounded theory*), estudo de caso, pesquisa-ação, *design science, ex post facto*, histórica, narratológica, entre outras. Na ampla confusão de termos indicados por Crotty (1998), muitos desses termos são definidos como tipo ou técnica de pesquisa por alguns autores.

Mais importante que a terminologia adotada, se estratégia de pesquisa ou tipo de pesquisa, o mais importante é que o pesquisador compreenda a questão semântica do termo escolhido. Se o pesquisador descreve sua pesquisa como estudo de caso, há uma série de atividades mínimas a serem realizadas, assim como para uma pesquisa etnográfica, embasada em dados e assim por diante. Deve-se destacar que há variações para cada estratégia: por exemplo, a estratégia estudo de caso pode ser diversificada em função:

a) da quantidade de entidades analisadas (caso único ou casos múltiplos); e

b) da quantidade de unidades de análise (uma unidade, definida como caso holístico, ou muitas unidades, definida como caso incorporado).

Sem a pretensão de fazer uma revisão ampla e completa das estratégias de pesquisa (não é esse o propósito do livro), descrevem-se a seguir algumas características de três estratégias de pesquisa. Essas são algumas características esperadas do processo e do resultado da pesquisa que adota *estratégia fenomenológica* (BOEMER, 1994; SILVA, 2006; COLTRO, 2000):

- não há um "problema" típico de pesquisa, mas o "interesse" por um fenômeno;
- busca-se compreender os significados de experiências ou vivências, caracterizadas como fenômenos sociais e de natureza individual;
- emprega-se intensivamente as técnicas de entrevista em profundidade e/ou textos redigidos pelas próprias pessoas sobre suas histórias;
- foco no relato das experiências vividas e não em referencial teórico, caracterizando, assim, um paradigma construtivista;
- nas entrevistas em profundidade, o pesquisador deve se abster de emitir juízos, apenas permanece atento ao que está sendo relatado (técnica denominada *epoché* fenomenológica);
- o processo envolve muitas interações com os entrevistados: falar ao pesquisador, ler a transcrição da entrevista ao entrevistado, assim como as transcrições que forem adaptadas a pedido do entrevistado;
- o ciclo de análise envolve: adquirir visão sistêmica das entrevistas; codificar os discursos; identificar temas (estrutura de significados); associar relatos das pessoas aos temas; construir quadro temático/associativo e redigir análise fenomenológica apoiado nas informações do quadro temático.

Eis algumas características esperadas do processo e do resultado da pesquisa que adota *estratégia experimento* (SELLTIZ et al., 1975; TABACHNICK e FIDELL, 2007):

- é ideal para obter conclusões sobre hipóteses que envolvem relações de causa e efeito;
- os testes das hipóteses caracterizam o tipo de pesquisa quantitativa e o paradigma de pesquisa positivista;
- as principais características do método de pesquisa experimental advêm do controle que o pesquisador tem sobre o fato estudado e de estar perante uma situação artificialmente criada;
- trabalha-se com dois grupos, o experimental e o de controle;
- os projetos experimentais variam na maneira pela qual os grupos experimentais (GE) e grupos de controle (GC) são selecionados e o grau de controle (medidas) sobre os fatores que podem afetar os resultados;
- os estudos experimentais podem ser feitos de diversos modos, dentre eles: "antes-depois" com um único grupo; "antes-depois" com GC; "quatro grupos, seis estudos"; "depois somente" com GC; "ex-post facto" (depois do fato consumado) e "painel".

A seguir, algumas características esperadas do processo e do resultado da pesquisa que adota *estratégia embasada na realidade* (*grounded theory*) (BANDEIRA-DE-MELLO e CUNHA, 2006; CORBIN e STRAUSS, 1990; CRESWELL, 2007):

- os pesquisadores geram ou desenvolvem indutivamente uma teoria ou um padrão de significado;
- no projeto de pesquisa não há identificação prévia de um problema de pesquisa, por não se conhecer o que é relevante para os sujeitos envolvidos: o problema de pesquisa emerge do processo da pesquisa;
- referenciais teóricos são utilizados somente na fase final da pesquisa, para integrar e contrastar com os resultados gerados, daí sua perspectiva de paradigma construtivista;
- abrange técnicas que permitem circularidade entre as atividades de coleta e análise, abrangendo codificação aberta, axial e seletiva.

O mais importante dessa subseção é compreender os elementos constituintes de uma estratégia de pesquisa: pressupostos, etapas básicas, técnicas mais empregadas e tipo de resultado gerado. O pesquisador iniciante, de posse dessas informações, apresentará uma postura mais adequada para os momentos de análise e seleção da estratégia para sua pesquisa, bem como para execução e, posteriormente, para descrição da pesquisa em seus textos científicos.

9.10 MÉTODO: TÉCNICAS DE PESQUISA EMPREGADAS

Técnica é a "maneira pela qual os pormenores técnicos são tratados" ou "um método para conseguir um objetivo desejado" (MERRIAM-WEBSTER, 2012, tradução nossa). As técnicas de pesquisa científica são os procedimentos detalhados (maneira pré-definida) que o pesquisador pratica a fim de realizar as atividades necessárias à condução da pesquisa. Para os diversos afazeres, o pesquisador tem ao seu dispor um conjunto de técnicas disponíveis, como as diversas técnicas para coleta de dados em diferentes circunstâncias, técnicas para análise de dados quantitativos, técnicas para análise de dados qualitativos, técnicas para testar hipóteses, técnicas para obtenção de consenso entre especialistas e técnicas para analisar correlações entre grupos, para citar apenas algumas.

As técnicas de pesquisa científica costumam ser agrupadas em técnicas quantitativas e qualitativas. O conjunto das técnicas é bastante amplo para as duas categorias. A Tabela 9.3 apresenta oito exemplos de técnicas: as quatro primeiras estão associadas a pesquisas qualitativas, e as quatro últimas, a pesquisas quantitativas.

TABELA 9.3 – Exemplos de técnicas aplicadas à pesquisa científica

TÉCNICA	DESCRITIVO
Análise de conteúdo	Conjunto de técnicas para análise de comunicações visando obter procedimentos sistemáticos e objetivos para descrição do conteúdo de mensagens. A partir da codificação das mensagens, indicadores são gerados a fim de inferir conhecimentos relativos às mensagens.
Delphi	Método para estruturar processo de comunicação grupal que busca o consenso de opiniões de um grupo de especialistas a respeito de eventos futuros.

continua

continuação

Focus group	Atividade para levantamento de dados junto a grupos em que os participantes são estimulados por comentários ou questões fornecidas pelo moderador da seção. Os participantes influenciam uns aos outros pelas respostas e pelas ideias e colocações do moderador. Os resultados obtidos pela discussão são transcritos e acrescidos das anotações e reflexões do moderador.
Mapas visuais (uma das técnicas do arcabouço *sensemaking*)	Representações atrativas que permitem simultânea representação de grande número de dimensões. Podem facilmente descrever precedência e processos em paralelo. Facilita a identificação de sequências e progressões comuns dos eventos, como também de autoridade e influência entre objetos.
Rastreamento do olhar / *Eyetracking*	Usado para estudar uma variedade de processos cognitivos, mais notavelmente a percepção visual e o processamento da linguagem. O ponto de fixação dos olhos está ligado ao foco da atenção do indivíduo. Assim, pelos movimentos dos olhos, pode-se estudar qual informação está sendo processada em determinado momento. Permite estudar processos cognitivos em escalas de tempo extremamente curtas.
Análise multivariada	A denominação análise multivariada corresponde a um grande número de métodos e técnicas que utilizam, simultaneamente, todas as variáveis na interpretação teórica do conjunto de dados obtidos. Três são as técnicas principais da análise multivariada: 1. A análise de agrupamentos é uma das técnicas multivariadas mais utilizadas e tem por finalidade reunir as unidades amostrais em grupos por algum critério de classificação, de tal forma que exista homogeneidade dentro do grupo e heterogeneidade entre grupos: a) Análise de conglomerados; b) Análise discriminante; c) Componentes principais; d) Correlação canônica; e) Distância multivariada (euclidiana); f) Distância multivariada (Penrose e Mahalanobis); g) Teste de Bartlett (duas amostras); h) Teste de Hotelling (uma amostra); i) Teste de Mantel. 2. A análise de componentes principais é um método que tem por finalidade básica a análise dos dados usados visando sua redução, a eliminação de sobreposições e a escolha da forma mais representativa de dados a partir de combinações lineares das variáveis originais.

continua

continuação

Análise multivariada	3. A análise fatorial é uma técnica estatística multivariada que tem por objetivo agrupar variáveis que estão altamente correlacionadas em conjuntos de variáveis chamados de fatores. A análise fatorial é muitas vezes confundida com análise de componentes principais, pelo fato de um dos modos de extração de fatores ser justamente a análise de componentes principais. A análise fatorial é considerada uma técnica estatística, pois pressupõe a existência de um modelo, permite que se faça inferências e cumpre com algumas pressuposições básicas sobre as variáveis em análise, como a multinormalidade dos dados.
Associação – correlação	A análise de correlação proporciona um meio de se verificar o grau de associação entre duas ou mais variáveis. Os testes mais utilizados para essa análise são: 1. Testes paramétricos: a) Correlação linear de Pearson; b) Matriz de correlação; c) Correlação parcial; d) Correlação linear quando o parâmetro é diferente de zero ($r < 0$ ou $r > 0$); Q de Yule. 2. Testes nãoparamétricos: a) Contingência C; b) Concordância de Kendall; c) Correlação de Kendall; d) Coeficiente Phi; v – Correlação de Spearman.
Associação – regressão	A análise de regressão é um processo estatístico para analisar relações associativas entre uma variável dependente métrica e uma ou mais variáveis independentes. Essa técnica tem como principal objetivo verificar o grau e a natureza de associação entre as variáveis. É um método de modelagem utilizado para analisar a relação entre uma variável dependente (Y) e uma ou mais variáveis independentes $X1, X2, X3,..., Xn$. O objetivo dessa técnica é identificar (estimar) uma função que melhor descreva a relação entre essas variáveis, pois assim poderemos predizer o valor que a variável dependente (Y) irá assumir para um determinado valor da variável independente X. No estudo de correlação, procura-se verificar a magnitude e o sentido da associação que possa existir entre duas variáveis, sem haver qualquer grau de dependência de uma em relação à outra. No teste de regressão, ao contrário, a finalidade é determinar a dependência de uma variável em relação à chamada variável independente ou preditora. Métodos de regressão: a) Regressão linear simples; b) Regressão linear múltipla;

continua

continuação

Associação – regressão	c) Ajustamento de curvas; d) Análise de resíduos da regressão; e) Regressão logística simples; f) Regressão logística múltipla; g) Regressões polinomiais; h) Regressões passo-a-passo (step wise regression) i) Regressão: comparação de duas regressões lineares. Análise discriminante é uma técnica de análise de dados em que a variável dependente é categórica e as variáveis prognosticadoras ou independentes têm natureza intervalar. Essa técnica tem como objetivo estabelecer funções matemáticas ou combinações lineares que podem melhor discriminar as categorias das variáveis dependentes.
Meta-análise	Define-se meta-análise como um procedimento destinado a examinar, de modo simultâneo, várias investigações, diversas pesquisas sobre um mesmo tópico. Alguns sobre determinada matéria são concordantes, mas podem também ser contraditórios, o que aumenta a necessidade de análises conjuntas para que se possa concluir com maior segurança. É importante distinguir os efeitos observados entre os diversos estudos examinados em conjunto: 1. Quando diferem somente em decorrência do erro amostral, ou seja, o verdadeiro efeito é o mesmo em cada um dos estudos, na mesma direção e não devido a diferenças sistemáticas em cada trabalho (diz-se que as amostras são homogêneas e as diferenças são consideradas efeitos randômicos ou aleatórios); 2. Outras vezes, os efeitos observados ultrapassam o esperado pelo erro amostral, existindo diferenças reais entre os estudos examinados. Quando isso ocorre, o efeito, denominado efeito fixo, pode acontecer na mesma direção dos tratamentos efetuados (favorável ou não) ou em diferentes direções (benéfico e adverso), considerando-se as amostras heterogêneas. Técnicas de meta--análise: a) Efeito aleatório: Der Simonian-Laird: para k tabelas 2 x 2; b) Efeito fixo: dados contínuos c) Efeito fixo: Mantel-Haenszel e OddsRatio: para k tabelas 2 x 2; d) p-valor (pw, combinado); e) Qui-quadrado (aderência): para k amostras; f) Qui-quadrado (independência): para k tabelas 2 x 2; g) Regressão (Bw): para k amostras; h) Risco relativo: para k tabelas 2 x 2; i) Teste G (aderência): para k amostras; j) Várias correlações (rw combinado); k) Várias proporções (pw combinado).

Na seção de "método da pesquisa" ou "procedimentos operacionais da pesquisa", quando os procedimentos realizados pelo pesquisador forem descritos, as técnicas de pesquisa deverão ser naturalmente apresentadas ao leitor. Quanto ao detalhamento e explicação de cada técnica, cabe ao pesquisador-autor verificar o nível de difusão e domínio da técnica pelo público leitor. No caso de artigos científicos, isso pode ser averiguado analisando-se a frequência do emprego da técnica nos últimos números da revista científica que se pretende publicar, bem como a apresentação e o detalhamento da técnica realizada por esses autores. O bom senso indica que explicações sobre propósito, forma de aplicação e resultados gerados pela técnica são pertinentes apenas para técnicas não difundidas no canal de comunicação selecionado.

Essa lógica se aplica também para os textos probatórios de capacitação do pesquisador-autor, como dissertações e teses. Deve-se verificar a descrição da técnica em documentos similares da área em que se publica. Por exemplo, um mestrando da área de física que aplica a técnica de análise de conteúdo deverá analisar a aplicação e a descrição dessa técnica em outras dissertações associadas a programas de física.

9.11 INSUMOS COLETADOS: DECLARAÇÃO QUANTO À ORIGEM E À NATUREZA

As técnicas de pesquisa processam os insumos coletados pelo pesquisador. Esses insumos devem ser descritos na comunicação científica para que seja possível a avaliação da adequação dos insumos e dos procedimentos empregados, bem como para permitir a replicação da pesquisa. A localização dessas declarações depende de alguns aspectos da comunicação científica e da pesquisa em si. Nas pesquisas em que ocorrem grandes esforços de coleta de dados, comunicadas por meio de documentos extensos como relatórios de pesquisas, teses e dissertações, costuma-se ter uma seção específica para essas declarações – "dados coletados". Nos artigos científicos, a declaração dos insumos ocorre, normalmente, na seção "método da pesquisa".

Os insumos da pesquisa devem ser declarados quanto a sua origem/fonte (primária ou secundária) e natureza (dado ou informação). A fonte no contexto da pesquisa científica significa "algo mencionado no texto que está *relacionado* e, especialmente, dá suporte às informações contidas no mesmo" (MERRIAM-WEBSTER, 2012, grifo nosso). "A distinção entre fonte primária e secundária é subjetiva e contextual" (DALTON e CHARNIGO, 2004, p. 419, grifo nosso). "A distinção não é fácil. Considerando que a fonte é apenas uma fonte em um contexto histórico específico, a mesma fonte *pode ser tanto primária quanto secundária, a depender do uso que lhe for dado*" (KRAGH, 1989, p. 121, grifo nosso).

Observa-se que a relação da fonte com o sujeito ou objeto da pesquisa é fundamental para o entendimento da dimensão da origem da fonte, isto é, se primária ou secundária. Campos e Cury (1997, p. 3) utilizam o aspecto relacional para explicar a fonte primária:

> [...] sob a direção do sentido de ponto em relação, as fontes primárias teriam o poder não só de propiciar explicações, como o de recebê-las. Nesse caso, as fontes e os objetos no regime da investigação e da pesquisa, manteriam uma relação de interdependência: elas fariam circular explicações que emanariam de si, deslocando os significados dos objetos, e explicações que emanariam dos objetos, alterando ou mantendo os significados que as fontes apresentam.

A fonte primária apresenta forte relação com o objeto ou sujeito da pesquisa, pois é capaz de propiciar explicações sobre eles. A análise do distanciamento ou proximidade, da fonte com o objeto ou sujeito da pesquisa, indicará a classificação da fonte em relação à origem – se primária ou secundária. Segundo Solomon, Wilson e Taylor (2007), as fontes de informação primárias são aquelas que estão mais próximas do evento, do período de tempo, do indivíduo ou de qualquer outra entidade compreendida como objeto ou sujeito da pesquisa.

É importante observar que para classificar uma fonte é necessário ter discernimento – e não apenas do objeto da pesquisa, mas também do *objetivo* da pesquisa. Dois exemplos de artigos científicos que declaram seus insumos de pesquisa são apresentados nos parágrafos a seguir para a exploração desse conceito.

A pesquisa de Hall (2002) objetivou explorar como o presidente dos Estados Unidos da América, George Bush, utilizou as pesquisas de opinião pública no processo de invenção retórica em seus discursos presidenciais. Embora Hall não tenha entrevistado o presidente, entrevistou profissionais importantes da sua equipe, responsáveis pela elaboração dos discursos realizados pelo presidente. Assim, tais fontes foram corretamente classificadas como fontes primárias da pesquisa realizada. Esses mesmos profissionais da equipe do presidente Bush poderiam ser classificados como fontes secundárias, no caso da alteração no contexto – se o objetivo da pesquisa fosse, por exemplo, analisar o estresse de assumir a presidência. No primeiro cenário, os entrevistados estão totalmente inseridos, ou seja, são responsáveis pela elaboração do discurso presidencial. Já no segundo cenário, eles podem apenas opinar pelo que perceberam do comportamento do presidente, pois não viveram a experiência de ser presidente.

Outro exemplo é o estudo de Turner (2006), que aplicou a osteologia (parte da anatomia que se ocupa dos ossos) e a filogenia (sucessão genética das espécies orgânicas) com o objetivo de catalogar uma espécie de crocodilo pré-histórico ainda desconhecido. Dentre as fontes de evidências analisadas estavam quatro crânios parciais do animal. Para efeito de definição do palato (parte superior da cavidade bucal) e da estrutura craniana interna, os crânios parciais foram corretamente classificados como fonte secundária da pesquisa. Não trazem atributos diretos dessas partes dos animais, porém servem como parâmetros para suposições a respeito. Caso o aspecto em questão fosse a caixa craniana do animal, tais evidências poderiam ser classificadas como fontes primárias.

Portanto, observa-se que a definição de origem da fonte, se primária ou secundária, depende também do contexto. Trata-se de uma questão relacional, que pode ser descrita pela pergunta: quão próximas as evidências fornecidas pela fonte estão do objeto ou sujeito da pesquisa, segundo o objetivo da pesquisa em questão? Não se trata de veracidade, mas de proximidade, considerando que a própria pessoa, objeto da pesquisa, poderia prover informações incorretas ao pesquisador.

As fontes primárias são as mais recomendadas pelos métodos de pesquisa, assim como as preferidas pelos pesquisadores, por estarem diretamente conectadas ao objeto ou sujeito da pesquisa. Isso reduz riscos da pesquisa ligados à utilização de insumos de qualidade duvidosa, em função de impedâncias, erros e ruídos provocados por terceiros. Os insumos das fontes secundárias podem apresentar problemas de qualidade em função de equívocos, intencionais ou não, gerados no ato da análise, da observação, da descrição, da tradução ou de qualquer outra forma de interação desse segundo ator com o sujeito ou objeto primário da pesquisa. Assim, para as fontes secundárias utilizadas em pesquisas, há maior atenção no que diz respeito a argumentações, análises e procedimentos metodológicos, a fim de assegurar a qualidade desses insumos da pesquisa.

Outra dimensão importante para a classificação de fontes da pesquisa refere-se à natureza do insumo, ou seja, se é *dado* ou *informação*. Dados são coleções de evidências relevantes sobre um fato ou entidade observada, e informações são interpretações de um conjunto de dados segundo um propósito relevante e de consenso para o público-alvo (BOISOT e CANALS, 2004). Os dados são abundantes e de fácil compreensão, caracterizando-se como insumo para geração da informação. Como indica a descrição do termo, a entidade *dado* é "algo dado [fornecido] ou admitido como base em raciocínio ou inferência" (MERRIAM-WEBSTER, 2012, tradução nossa), dispensa interpretação e análises como ocorre com a informação, e apresenta-se naturalmente como atributo de fácil compreensão e registro. A informação, ao contrário, deve ser interpretada e contextualizada, pode demandar análises e requer esforços adicionais para sua geração ou interpretação. Tomando como exemplo os dois artigos citados para discussão da origem, as entrevistas realizadas por Hall (2002), com os membros da equipe do presidente George Bush trouxe informações para o contexto da pesquisa: opiniões e percepções dos entrevistados com relação ao contexto do objeto que foi questionado. No artigo de Turner (2006), os quatro crânios parciais do animal apresentam medidas exatas, facilmente mensuráveis: exemplificam insumos da pesquisa classificados como dados.

Assim como acontece com as fontes secundárias em relação às fontes primárias, a coleta de insumos caracterizados como informações, em comparação aos dados, demanda mais cuidados do pesquisador. Deve ser observado que as informações foram geradas a partir da interpretação de alguém, dentro de um contexto específico. Dessa forma, a utilização do insumo *informação* deve ser precedida de argumentações e de cuidados no que diz respeito aos procedimentos metodológicos. Faz-se necessário uma declaração ampla dos insumos da pesquisa, declarando não apenas a origem, se primária ou secundária, mas também a sua natureza: se dado ou informação.

A evolução significativa dos recursos de tecnologia da informação e comunicação (TIC), em períodos de tempo cada vez menores, acompanhados de inovações cada vez mais significativas em desempenho, facilitou ainda mais a obtenção de dados pelos pesquisadores. Como exemplo, cita-se a pesquisa de Chen, Francis e Miller (2002), que abrange dados primários provenientes de localidades totalmente inóspitas: leituras da temperatura da água de diversos pontos do oceano Ártico, captadas por boias com sensores que realizam a transmissão dos dados por satélite. Para auxiliar o problema crescente do maior número de insumos utilizados pelas pesquisas e a maior demanda por sua declaração completa e precisa, apresenta-se no Quadro 9.2 um conjunto de procedimentos que objetiva auxiliar os pesquisadores na declaração completa e correta dos insumos da pesquisa.

QUADRO 9.2 – Procedimentos para análise das dimensões origem e natureza do insumo de pesquisa

Passo 1 Identifique a fonte de insumo que se pretende declarar

Passo 2 Analise a natureza do insumo fornecido pela fonte.
Considere "dado" os atributos elementares referentes a uma entidade, ou seja, que não necessitam de contextualização para sua compreensão, basta um rótulo / nome do atributo. Exemplos: "data de nascimento" e "nome do funcionário". A "informação", ao contrário do "dado", exige compreensão do contexto para que possa fazer sentido a qualquer leitor (por exemplo, "desempenho superior de vendas" ou "baixa produtividade").

Passo 3 Identifique o objeto e o objetivo da informação da qual a fonte colabora com insumo para sua geração.
A relação entre o objeto e a fonte de insumo é definida pelo objetivo da informação; é ele que contextualiza o insumo perante o objeto sobre o qual a informação versa.

Passo 4 Analise a origem do insumo fornecido pela fonte.
Responda a seguinte pergunta: Quão próximas as evidências trazidas pela fonte estão do objeto da informação, segundo o objetivo desta? Descreva como insumo primário, caso a fonte geradora do insumo seja a mais próxima possível do evento, do indivíduo, do artefato, do processo ou de qualquer outra entidade compreendida como objeto ou sujeito da informação. Caso contrário, declare-a fonte secundária.

Fonte: De Sordi et al. (2013, p.34).

A Figura 9.3, apresentada como exemplo de resumo gráfico, descreve os procedimentos descritos no Quadro 9.2, destacando os aspectos a serem considerados para análise e declaração dos insumos da pesquisa quanto às dimensões natureza e origem dos insumos da pesquisa.

9.12 REFERENCIAL TEÓRICO: NÃO CONFUNDIR DIÁLOGO COM A LITERATURA COM REVISÃO TEÓRICA

A maioria das estratégias da pesquisa emprega o recurso de dialogar com a literatura atual a fim de construir e/ou evidenciar o novo conhecimento científico gerado. Em comunicações científicas extensas, como relatórios de pesquisa, teses e dissertações, é comum a inserção de uma seção denominada "referencial teórico" ou "questões teóricas". Nos artigos científicos, essa seção geralmente não existe e a discussão pode ocorrer em diversas partes, como na introdução, quando se apresenta o problema de pesquisa, ou mesmo na seção de análises e discussões.

Um erro comum de pesquisadores iniciantes é confundir diálogo com a literatura atual, necessário para fundamentação da pesquisa, com o processo de revisão da literatura. Esse diálogo com a literatura existente requer muito bom senso e deve ocorrer com o propósito de criar a própria lógica de argumentação do pesquisador. Deve-se evitar as situações extremadas e argumentar apenas por intermédios de citações a textos de outros, sem trabalhar ideias próprias – e evitar também a situação oposta, ou seja, construir argumentações ignorando a literatura atual. Citações à literatura devem ocorrer para ilustrar os elementos da lógica contida no argumento próprio do autor (SPARROWE e MAYER, 2011).

Nas pesquisas quantitativas, as citações à literatura da área respaldam, direcionam e ajudam a construir a argumentação lógica das hipóteses. Por essa razão, nos artigos científicos, muitas vezes a teorização (fundamentação teórica) e as hipóteses estão muito próximas – podem estar, por exemplo, na mesma seção, na seção de "introdução" ou de "questões teóricas".

Na fundamentação teórica é importante que o pesquisador evidencie o conhecimento de toda diversidade de correntes com relação ao tema – e não apenas as teorias que apoiam a linha de raciocínio adotada pelo pesquisador, como também as contrárias. Isso dá credibilidade ao autor da pesquisa no sentido de demonstrar seu conhecimento amplo do estado da arte com relação ao tema, além de evidenciar segurança no caminho optado para fundamentação teórica da pesquisa.

Sparrowe e Mayer (2011) dão algumas dicas do que deve ser feito e do que não fazer no processo de diálogo com a literatura para a construção da argumentação lógica da pesquisa. Eles afirmam que para substanciar as hipóteses não basta citar uma teoria; deve haver explicação verbalizada, deve-se utilizar múltiplas teorias a fim de construir uma argumentação forte e demonstrar coerência na justificativa para a escolha de um conjunto específico de variáveis explicativas em relação a outras disponíveis. No que diz respeito ao que não fazer, destaca-se: perda de especificidade da argumentação, em função do emprego de teorias muito abrangentes e pouco esclarecedoras; fragmentação da teoria, por trabalhar com muitas teorias não coerentes e desconexas; e fundamentação do óbvio, quando o *referee* não consegue ver como ou quando a hipótese nula possa ocorrer (só há um caminho, o senso comum já justifica, não há necessidade de respaldo teórico e pesquisa científica para comprovação).

Rubem Alves (2008, p. 99) externalizou a importância do diálogo com as teorias para a realização da boa pesquisa científica de diversas formas: "teorias são redes; somente aqueles que as lançam pescarão alguma coisa"; "um cientista é uma pessoa que sabe usar as redes teóricas (modelos teóricos) para apanhar as entidades que lhe interessam".

9.13 CONCLUSÃO OU DISCUSSÃO DOS RESULTADOS

"Conclusão" é um termo convencionalmente empregado na denominação da última seção de texto das comunicações científicas, principalmente em comunicações probatórias associadas à capacitação em pesquisa, como teses e dissertações. Comunicações científicas mais elaboradas, como artigos em revistas científicas de alto impacto, geralmente empregam o termo "discussão dos resultados". Considera-se essa a última seção de texto, pois as seções posteriores são restritas a apêndices, anexos e lista de referências.

Entre os pesquisadores principiantes há uma forte tendência em utilizar o último capítulo da pesquisa para refazer a seção de "resultados da pesquisa", porém de forma resumida. A seção de discussão deve discutir os resultados da pesquisa no que diz respeito às suas implicações teóricas e práticas: nesse momento, se responde à pergunta da pesquisa. Cabe ainda, nessa seção, a discussão de limitações da pesquisa e oportunidades para continuidade da pesquisa.

Segundo Geletkanycz e Tepper (2012), retornar à motivação teórica da pesquisa é um meio sucinto e convincente de responder a questão de pesquisa. Essa abordagem, denominada implicação teórica, é uma boa forma de evidenciar o avanço teórico associado ao novo conhecimento científico gerado pela pesquisa. Uma seção de "discussão dos resultados" eficaz não apenas relata os avanços teóricos da pesquisa, mas também os contextualizam no que diz respeito à utilidade ou implicação prática – por exemplo, a serventia aos estudiosos da área associada à teoria desenvolvida.

Entre os erros mais comuns na redação da seção de "discussão dos resultados" estão (GELETKANYCZ e TEPPER, 2012):

- "serpentear" por diversas implicações não necessárias para responder a pergunta de pesquisa: deve-se discutir de forma mais aprofundada apenas as implicações necessárias para responder a pergunta de pesquisa. De uma ampla coleta e análise de dados, pode-se ter a tentação de abrir várias frentes de discussões, porém não alinhadas em torno do objetivo e problema abordado pela pesquisa. Isso gera uma difusão de análises de temas distintos e o consequente enfraquecimento da pesquisa; e
- exceder os dados: derivar conclusões abrangentes que ultrapassam os resultados da pesquisa (os dados coletados e analisados). Na prática, isso pode ser entendido como "uma viagem" do autor-pesquisador em realizar discussões não sustentadas pelos dados coletados. Uma forma de evitar isso é sempre perguntar se as conclusões das discussões estão fundamentadas nos testes dos dados coletados.

Textos que declaram as limitações da pesquisa e as sugestões para continuidade da pesquisa demonstram a visão holística e a humildade do pesquisador ao reconhecer que, por mais que tenhamos trabalhado na pesquisa que está sendo comunicada à sociedade científica, sempre haverá muito mais por fazer.

9.14 REFERÊNCIAS (E CITAÇÕES)

Uma referência é um conjunto de dados que descreve um artigo, livro, relatório, página da Internet ou qualquer outro corpo de texto publicado. O texto referenciado tem parte do seu conteúdo utilizado para corroborar as ideias do texto que lhe faz referência. O local da utilização, ou melhor, do vínculo, é o próprio parágrafo que faz alusão ao conteúdo da obra. O vínculo é denominado citação à obra.

Dessa forma, ao longo do corpo do texto, temos as citações de obras que estão descritas na parte final do texto, em uma seção específica denominada "referências". O termo "referências bibliográficas" caiu em desuso, em função do incremento das citações a outros tipos de obras distintas dos livros, como publicações na Internet e artigos científicos.

Os dados para referenciar uma obra em geral são: título da obra, nomes dos autores, ano de publicação e quem publicou (nome da revista ou da editora). Há outros atributos que dependerão da norma utilizada e do tipo de obra referenciada. No Brasil, utiliza-se a norma desenvolvida pela Associação Brasileira de Normas Técnicas (ABNT): há uma norma específica para referências e outra para citações. A norma que aborda as referências é denominada de "Informação e documentação / Referências – Elaboração", atualmente na versão NBR 6023, de agosto de 2002. A norma sobre citações é a "Informação e documentação – Citações em documentos – Apresentação", versão NBR 10520, de agosto de 2002. Estas normas estão disponíveis para leitura nas bibliotecas e para aquisição no website da ABNT (http://www.abnt.org.br).

Mundialmente, a norma mais aceita pelos editores é a desenvolvida pela Associação Americana de Psicologia (APA). Há uma grande diversidade de normas para citações e referências, entre elas destacam-se: Harvard, Vancouver, American Medical Association (AMA), American Sociological Association (ASA), BibTeX e International Organization for Standardization (ISO).

A enfadonha e cansativa atividade de alteração de um ou outro atributo da referência, em função da norma ou do tipo de documento, está sendo eliminada pela introdução de um software que gera automaticamente a referência das obras acessadas na Internet. Tomemos como exemplo a base de artigos científicos SciELO. Do lado direito da tela de resumo dos artigos, mostrada na Figura 9.4, observa-se uma seta que foi inclusa para destacar a opção "Como citar esse artigo". Ao clicar nesse link, gera-se automaticamente a referência do artigo em três normas (ISO, ABNT e APA), conforme a Figura 9.5 exemplifica mais adiante.

FIGURA 9.4 – Tela de resumo de artigo científico no SciELO

O recurso gerador de referência já é uma realidade nos repositórios de artigos científicos das diversas áreas do saber. Como a citação de artigos é a parte mais trabalhosa e difícil, considerando a quantidade de atributos necessários e a variação dos atributos em função da norma, criar a seção de referências no texto científico torna-se menos trabalhoso com a disponibilidade do recurso.

Outra dificuldade dos pesquisadores é criar as citações ao longo do texto da obra referenciada e assegurar a consistência entre citações e referências: toda obra citada no texto deve constar da lista de referências, e toda obra descrita na lista de referência deve ser citada ao longo do texto pelo menos uma vez. O software gerenciador de referências realiza automaticamente esses controles e, como facilidade, também inclui o texto necessário para indicar a citação a uma obra em determinado ponto do texto e a criação da lista de referências de obras citadas ao longo do texto, inserida ao final do texto.

Observe que na Figura 9.5, na lista de referências geradas automaticamente pelo SciELO, há algumas funções do lado direito que permitem exportar os metadados do artigo para alguns softwares Gerenciadores de Referências: BibTex, Reference Manager, Pro Cite, End Note e Refworks. A proposta dessas ferramentas é auxiliar o pesquisador a criar um portfólio de dados sobre as obras (metadados) de seu interesse que serão utilizadas pelas ferramentas para criação das citações e referências necessárias para suas comunicações científicas. A demanda por funções automáticas de criação de citação e referência é tão significativa que o editor de texto *Word*, da Microsoft, já disponibiliza função específica para tal.

FIGURA 9.5 – Referências geradas automaticamente pelo SciELO

As facilidades dos softwares gerenciadores de referências dispensa o pesquisador de atividades tediosas e demoradas, como descobrir a cidade da editora da revista científica (demanda exclusiva da norma ABNT) ou do livro. Esse tempo precioso pode ser então canalizado para atividades mais nobres e que agregam mais valor à pesquisa científica.

A exatidão das referências e citações é fundamental para a academia científica, pois são esses recursos que permitem o pleno funcionamento da meritocracia científica. Editores de revistas científicas e livros são extremamente exigentes quanto à sua integridade e completeza, além da observância da adequação ao padrão da norma estipulada pela revista. O uso do software gerenciador de referências assegura o atendimento desses requisitos do texto científico de qualidade, além de prover a agilidade necessária para a criação e alteração das citações ao longo do texto e da seção de referências.

As citações devem ser realizadas para a menor quantidade de textos possíveis. Citações redundantes não devem ser feitas, deve-se priorizar a citação do texto mais significante: geralmente, este também é o mais conhecido e difundido na comunidade de especialistas, o que facilita a compreensão do leitor. Citar textos redundantes e de autores periféricos muitas vezes pode ser compreendido pelos referees como "*giftcitations*", ou seja, citar colegas, citar orientadores ou outras pessoas que o autor queira agraciar com uma referência em seu texto (WRIGHT, 2008).

A quantidade de obras referenciadas no texto científico, sua idade média e os tipos predominantes (artigos, livros, documentos da Internet) variam conforme a área da ciência. Algumas áreas apresentam rapidíssimo desenvolvimento, como a ciência nano molecular: seus textos referenciam quase que exclusivamente obras mais recentes, publicadas em periódicos científicos. Outras áreas citam mais livros, outras valorizam textos clássicos (mais antigos) e outras possuem tradição de referenciar grandes quantidades de obras. Para o autor se posicionar em relação à quantidade de obras a citar, seu tempo médio de vida e tipo predominante, basta estar atento às práticas de sua área, pelo hábito da leitura dos principais canais de publicação da área.

Outro aspecto das citações a ser observado é a sua forma: citação direta, citação indireta e citação da citação. A citação direta ou textual ocorre quando é feita a transcrição literal de textos de outros autores, e sua reprodução é introduzida no corpo do texto entre "aspas duplas" (na ABNT, para trechos de texto com até três linhas), exatamente como consta na obra citada, seguida da chamada da fonte consultada. Nas citações diretas, segundo a norma ABNT, é obrigatória, após a data, a indicação da página do texto transcrito. Na citação indireta se reproduzem ideias e informações da obra consultada, sem, entretanto, a transcrição das próprias palavras do autor. Na citação indireta, o autor do texto está parafraseando o texto de outro. Todos os detalhes de variações da citação também são executados pelos softwares gerenciadores de referências.

A seguir, há duas citações de um mesmo trecho de texto: a primeira, desenvolvida com o método da citação indireta; a segunda, de forma direta:

De acordo com Rieck e Lee (1984) a hipertermia em bovinus Jersey foi constatada quando a temperatura ambiente era superior a 25°C: "Observa-se que para o bovinus Jersey a hipertermia ocorreu com maior frequência em ambientes com temperatura superior a 25°C" (RIECK e LEE, 1984, p. 79).

O uso excessivo de citações diretas é problemático e pode ser compreendido pelo *referee* como preguiça do autor em escrever, ato conhecido na academia como *lazy writing* (redação preguiçosa). O início de texto com citações diretas também é problemático, pois pode transparecer ausência da presença do autor.

Já a "citação da citação" ocorre quando o autor cita uma obra à qual não teve acesso, mas que tomou conhecimento – indiretamente – pela leitura de texto de outro autor, que a parafraseou (fez citação indireta) ou transcreveu partes do texto da obra em questão (fez citação direta). Nesse caso, pode-se reproduzir a informação já citada por outro autor, cujo documento tenha sido efetivamente consultado. Na norma ABNT para essa situação, adota-se o seguinte procedimento: no texto, citar o sobrenome e ano do autor do documento não consultado, seguido das expressões "citado por" ou "apud", seguido do sobrenome do autor do documento efetivamente consultado.

Observe o seguinte trecho de texto que apresenta citação da citação: "no modelo serial de Gough (1972 apud NARDI, 1993), o ato de ler envolve um processamento serial que começa [...]". O redator desse trecho não leu a obra de Gough (1972), mas tomou conhecimento do conteúdo dessa obra ao ler Nardi (1993). Resumindo, o autor está ratificando seu texto com as ideias de Gough por intermédio do texto de Nardi.

O recurso de citar uma obra não lida ("citado por" ou "apud") deve ser utilizado com muita parcimônia, considerando obras bastante excepcionais e raras que não há como serem acessadas facilmente. Os *referees*, ao perceberem a utilização do recurso apud em textos acessíveis, podem entender como comodismo do autor em nao buscar os textos originais, o que causará má percepção da conduta do autor bem como da qualidade do texto em análise. O recurso do apud deve ser evitado ao máximo em livros publicados recentemente e artigos disponíveis em repositórios eletrônicos.

Outro tipo de referência é aquela que indica uma parte do próprio texto, denominada "referência interna" ou "referência cruzada". Esse recurso é muito utilizado em textos extensos, como livros, relatórios, teses e dissertações. Ele indica ao leitor que tal tema já foi definido ou tratado no texto extenso e indica o número da seção que o aborda, caso o leitor necessite recordar. Isso evita a inclusão de textos com a função de "ganchos de recordação", como: "conforme definido na subseção 2.3, o termo [...]".

Embora muito utilizada em outros países, a referência interna é pouco difundida no Brasil. A pouca prática decorre da falta de normatização da técnica pela ABNT que, além de não divulgar o recurso, exige esforços adicionais daqueles que queiram empregar tal recurso (DE SORDI, 2009). Entre os esforços exigidos dos autores está a necessidade de que os autores, no início dos textos, apresentem as razões e a especificação técnica empregada para as referências internas. O texto seguinte, extraído da tese de Meireles (2005, p. xii), exemplifica tal procedimento.

> Este prefácio, além do alerta anterior, tem o propósito de chamar a atenção para alguns aspectos do texto:
>
> O primeiro é quanto à existência de referências cruzadas, expressas por colchetes [ ]. Um único dígito, no forma [n.] indica capítulo, [n.p.] indica item e [n.p.q.] indica subitem. Eco (1982:124) afirma que as referências internas destinam-se não só para evitar repetir demasiadas vezes as mesmas coisas, mas servem também para mostrar a coesão da obra. Uma referência interna é indicada pelo número do capítulo ou subcapítulo onde o tema já foi abordado. Eco (p. 125) argumenta que "uma tese bem organizada devia estar cheia de referências internas". O fato de se encontrar uma referência interna não implica em, obrigatoriamente, necessidade de segui-la, observando se existe ou não um link entre as partes; entretanto elas são particularmente úteis para a exploração de um conceito ou tópico.

Conforme sugerido por Meireles (2005) o uso de colchetes e o número da seção de texto no seu interior é a forma mais comum de se trabalhar com referências internas. Observe o trecho descrito a seguir, extraído de um livro que emprega o recurso de referência interna (DE SORDI, 2008, p. 19, grifo nosso):

> É por estas razões que se recomenda ao administrador da informação especial atenção ao atributo "indexação da informação", um dos atributos apontados como muito importante para qualidade da informação [3]. Esta característica da informação de qualidade é abordada na dimensão disponibilidade da informação [3.3].
>
> As referências internas do texto anterior devem ser interpretadas da seguinte forma: "caso o leitor não se recorde do conceito de 'qualidade da informação', ele deverá retornar ao Capítulo 3; caso a dificuldade seja com o conceito de 'dimensão disponibilidade da informação', deve ser feita a leitura do subcapítulo 3.3."

PROCESSO DE DESENVOLVIMENTO DO TEXTO CIENTÍFICO

Neste capítulo são discutidas algumas técnicas que auxiliam no processo de desenvolvimento da redação do texto científico. Estas técnicas são apresentadas em seis subseções:

- Escrever, reescrever, re-reescrever...
- Esboço da comunicação científica a ser redigida.
- Definição das seções do texto científico.
- Mapa visual (*display*).
- Seleção do canal pretendido para publicação da comunicação científica.
- Definição de termos técnicos.

10.1 ESCREVER, REESCREVER, RE-REESCREVER...

A atividade de escrita do texto científico é repetitiva. Um trecho de texto é reescrito e aprimorado por diversas vezes, até que se chegue a uma versão considerada boa. Grant e Pollock (2011) indicaram que os pesquisadores-autores de artigos premiados desenvolvem um processo intenso de escrita e reescrita dos parágrafos de introdução de seus artigos (definição do problema). A média é de 10 reescritas, e 45% dos entrevistados declararam ter reescrito 10 ou mais vezes a seção da introdução.

Não é difícil encontrar pesquisas bem conduzidas tecnicamente que não resultaram em nenhuma publicação em revista de alto impacto. Uma das deficiências dessas pesquisas é a falta de cuidado com o processo de redação e estruturação do texto. Conforme observado nos dois últimos capítulos, há muitas armadilhas na redação e estruturação do texto científico que derrubam a qualidade de qualquer pesquisa, por melhor que tenha sido a sua execução.

Por mais experiente que seja o pesquisador-autor, os diversos aspectos a serem considerados tornam muito difícil a confecção de uma boa redação em sua primeira escrita. Assim, pesquisadores principiantes devem estar conscientes da necessidade do ciclo repetitivo do processo de escrita, entendendo-o não como retrabalho, como um castigo aos que iniciam na atividade, mas como parte integrante e natural do processo de redação de textos científicos. O pesquisador deve estranhar e desconfiar não das diversas idas e vindas com a redação do texto, mas de uma escrita de primeira que tenha demandado poucos esforços de redação.

Já os momentos da escrita devem ser os mais próximos e contínuos possíveis: espaços de tempo muito longos entre uma atividade de redação e outra podem gerar um esquecimento do que estava sendo trabalhado e exigir tempos elevados para retomada do trabalho da escrita em função de revisões e recordação do que se estava trabalhando. O ato da escrita deve ser considerado uma atividade diária e regular, por mais breve que ela seja. Para elaboração da agenda de trabalho de redação, o pesquisador iniciante deve lembrar-se que quantidades de textos pequenas e regulares são mais produtivas que quantidades extensas e distantes no tempo.

10.2 ESBOÇO DA COMUNICAÇÃO CIENTÍFICA A SER REDIGIDA

Antes da escrita de qualquer parte da comunicação científica, é fundamental que o pesquisador planeje a estrutura do texto a desenvolver. Ashby (2011) propõe o desenvolvimento de um esboço da estrutura de seções e ideias centrais do artigo científico a ser desenvolvido, destacando que orientadores e parceiros do pesquisador-autor reagem e colaboram mais examinando um esboço no papel do que simplesmente ouvindo ideias.

É importante destacar que no momento da elaboração do esboço da comunicação científica a pesquisa já foi realizada e os resultados alcançados já são conhecidos pelo autor-pesquisador, bem como os procedimentos executados, restando apenas o desenvolvimento da redação da comunicação científica.

A Figura 10.1 apresenta um exemplo de esboço de comunicação científica a ser desenvolvida. O esboço apresenta as seções a serem desenvolvidas e as ideias que as associam, destacando as já disponíveis pela pesquisa e aquelas que devem ser desenvolvidas – como os ganchos narrativos da literatura atual.

FIGURA 10.1 – Exemplo de esboço de texto científico a ser desenvolvido

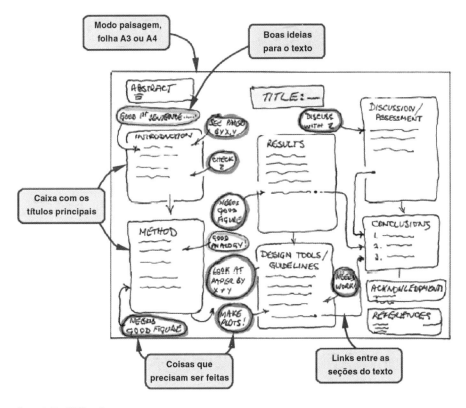

Fonte: Ashby (2005, p. 6).

Aos pesquisadores principiantes na atividade de redigir textos científicos, uma boa forma de assegurar-se da efetividade da estrutura de texto adotada é pesquisar artigos que adotaram a mesma estratégia de pesquisa e as mesmas técnicas de pesquisa. Essa busca deve se concentrar em artigos científicos publicados em revistas de alto impacto. O "plágio" da estrutura de artigos é permitido e recomendável (CRESWELL, 2007).

10.3 DEFINIÇÃO DAS SEÇÕES DO TEXTO CIENTÍFICO

No século XX, a partir da década de 1940, as revistas de biomedicina difundiram o *modelo IMRaD* como norma para estruturação de artigos científicos. O acrônimo

IMRaD significa: *Introduction, Methods, Results and Discussion*. O modelo IMRaD é recomendado pelas normas da Associação Americana de Psicologia (APA) para a estruturação de artigos científicos provenientes de pesquisas empíricas.

Lembrar-se dessas quatro grandes seções é um bom começo para estruturar o texto a ser redigido. Comunicações científicas que não tenham pelo menos essas quatro seções são automaticamente destacadas pelos avaliadores como textos suspeitos de estarem incompletos ou mal estruturados. Assim, uma boa dica é iniciar a montagem do esboço do artigo com a inclusão das quatro seções sugeridas pela técnica IMRaD.

10.4 MAPA VISUAL (*DISPLAY*)

Informações de seções essenciais à compreensão da pesquisa podem ser resumidas e apresentadas por esquemas gráficos denominados mapas visuais. Este recurso pode facilitar o entendimento dos leitores, não apenas com relação ao que foi desenvolvido, a construção lógica do novo saber ou a análise de um tópico específico, mas, também, descrevendo-o como foi feito em termos de resumo de procedimentos operacionais da pesquisa. Estes mapas visuais podem colaborar não apenas com o momento do desenvolvimento das comunicações científicas, mas durante a pesquisa também, como instrumento de organização das ideias das diferentes frentes de trabalho da pesquisa.

Mapas visuais são mais fáceis de serem percebidos que explicados. Nesta subseção, apresentaremos esses mapas e comentaremos três exemplos de mapas visuais associados às comunicações científicas. O primeiro deles é associado à cronologia de eventos de interesse da pesquisa; o segundo, à construção lógica do resultado entregue pela pesquisa e o terceiro, associado aos procedimentos operacionais da pesquisa. Começaremos com sua utilização para auxílio à análise dos dados coletados.

Langley (1999) trabalha a dificuldade de teorização a partir de dados qualitativos. Uma abordagem apropriada para esse desafio é o *sensemaking*, que busca compreender o como e o porquê de eventos ocorrerem ao longo do tempo. As técnicas da abordagem *sensemaking* permitem separar os efeitos de um evento de uma entidade (uma variável) ou, ainda, identificar o efeito de uma variável no contexto da evolução dos eventos.

Uma técnica importante da abordagem *sensemaking* é o mapa visual (*display*), que apresenta as seguintes características:

- cria uma representação atrativa que permite simultaneidade de representação de grande número de dimensões;
- facilita a descrição de precedência e processos em paralelo; e
- facilita a identificação de sequências e progressões comuns dos eventos, como também a identificação de autoridade e influência entre objetos.

O artigo de Chiles et al. (2004) apresenta um ótimo mapa visual (descrito na Figura 10.2), que explica os eventos associados a variáveis importantes da pesquisa. O estudo aborda a evolução e transformação do polo de teatros musicais de Branson no Missouri (Estados Unidos). Os pesquisadores identificaram e apresentaram de forma gráfica os eventos associados a cinco variáveis:

a) demanda por turistas;
b) popularidade da música *country*;
c) número de teatros;
d) teatros inaugurados;
e) teatros com atividades encerradas no período.

FIGURA 10.2 – Exemplo de mapa visual que descreve a cronologia de eventos

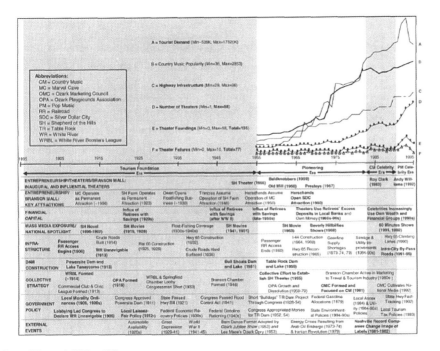

Fonte: Chiles et al. (2004, p. 505).

Creswell (2007), ao descrever a estrutura de roteiros para projetos de pesquisa, recomenda a construção do modelo visual para procedimentos e/ou construções lógicas atreladas ao projeto. Trata-se de um esquema que permite ao leitor facilmente entender os principais passos da pesquisa ou a construção lógica desenvolvida. Quando o mapa visual é empregado para a descrição da construção lógica do resultado da pesquisa, como mostra a Figura 10.3, ele é inserido ao final da seção de introdução. Quando descreve procedimentos da pesquisa, como mostra a Figura 10.4, o mapa é inserido ao final da seção de "procedimentos operacionais".

FIGURA 10.3 – Exemplo de mapa visual da construção lógica da pesquisa

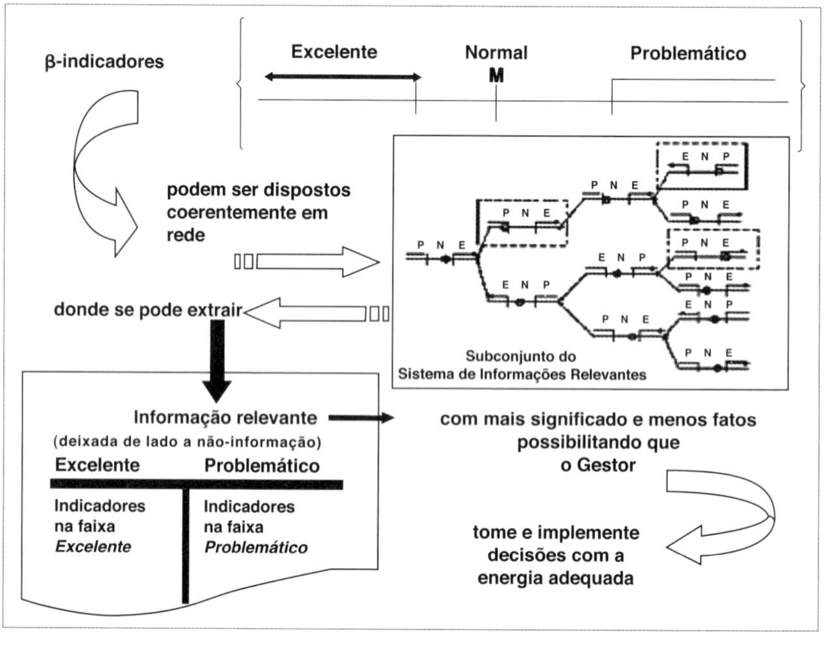

Fonte: Meireles (2005, p. 12).

FIGURA 10.4 – Exemplo de mapa visual de procedimentos empregados na pesquisa

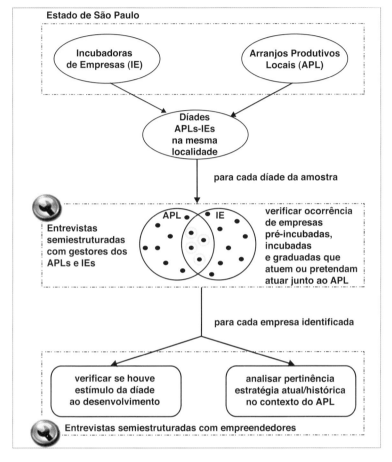

Fonte: Camacho (2012, p. 9).

Os três exemplos de mapas visuais citados não apenas auxiliaram os pesquisadores na análise dos dados coletados, na estruturação lógica do que estava sendo desenvolvido e no esquema de procedimentos de pesquisa a serem realizados, mas também foram inseridos nas comunicações científicas (artigo científico, tese e dissertação, respectivamente) como meio de facilitar a compreensão da pesquisa realizada.

10.5 SELEÇÃO DO CANAL PRETENDIDO PARA PUBLICAÇÃO DA COMUNICAÇÃO CIENTÍFICA

Antes que o pesquisador-autor inicie a redação da comunicação científica, é importante que escolha o canal de publicação a ser utilizado para comunicar os resultados da pesquisa. Para a grande maioria das comunicações científicas, na forma de artigos-científicos, há muitas opções de revistas científicas, cada uma com normas de estilo de redação, normas de referência, citação e estruturação de texto bastante distintas e específicas.

Em algumas situações não há escolha do canal de publicação para o texto científico a ser elaborado: ele já é dado pelo contexto. Por exemplo, o pesquisador-autor em formação não tem escolha, ele deverá publicar sua pesquisa na forma de dissertação ou tese no portal do programa *stricto sensu* ao qual está vinculado. Assim, para o início da redação do texto da dissertação ou da tese, basta identificar as normas de estilo de redação, referências e citações e regras de estruturação do texto definidas pelo programa *stricto sensu* ao qual o pesquisador-autor está vinculado.

A escolha prévia do canal de publicação, antes do início da redação do artigo científico, tende a ser cada vez mais importante e necessária, e não apenas em função das normas específicas mas em função da especialização temática dos canais de publicação. Os estudos de marketing apontam a tendência para a especialização e personalização de produtos e serviços. Tomando como exemplo os serviços de informação televisiva, verifica-se que a quantidade de emissoras especializadas é cada vez maior em comparação com as "genéricas", que informam de tudo um pouco: esporte, rural, infantil, política, saúde, lar e ciência. Esse mesmo movimento tem ocorrido com os canais de publicação de comunicações científicas, pois tornam-se cada vez mais específicos e especializados.

A especialização das revistas científicas e a seleção de uma delas pelo pesquisador-autor influencia fortemente o posicionamento do autor perante a priorização e ordem de aparição e discussão dos "achados da pesquisa". Observa-se que as informações não são alteradas, mas selecionadas e priorizadas segundo os interesses da revista: alguns achados farão mais sentido para o público leitor da revista científica selecionada, e outros, não.

O posicionamento do autor no texto diz respeito sobre o que ele escreve (objeto da pesquisa) e para quem (público leitor). Os resultados da pesquisa podem ser discutidos perante vários ângulos de interesse, que devem estar alinhados com as expectativas da revista. Tome como exemplo uma pesquisa sobre o tema empreendedorismo e três opções de revistas científicas temáticas (fictícias): "Ser Empreendedor", que aborda os desafios psicológicos e emocionais enfrentados pelo ser empreendedor; "Governo & Empreendedor", que aborda as ações públicas e seus impactos no contexto dos empreendedores; e "Empreendedor em Ação", uma revista mais pragmática sobre ações dos empreendedores. O autor-pesquisador pode redigir sua comunicação científica considerando três óticas totalmente distintas: o pesquisador-leitor com interesses na condição psicológica e emocional do empreendedor, o pesquisador-leitor com interesses na ação do governo sobre o ser empreendedor, e o pesquisador-leitor com interesses nos resultados das ações do empreendedor.

Quando houver mais de uma revista temática pertinente ao texto a ser produzido, deve-se considerar outros fatores – por exemplo, a comparação entre a pertinência dos índices de desempenho das revistas pretendidas como fator de impacto e índice H com a qualidade dos resultados alcançados pela pesquisa. Aqui, o pesquisador-autor deve ter muito domínio pessoal para analisar a qualidade da pesquisa realizada friamente, sem sentimentos de paixão/exaltação e sem sentimentos de desprezo/inferioridade. O pesquisador-autor deve estar ciente de que a escolha por revistas científicas de alto impacto significa mais prestígio e maior visibilidade da pesquisa pela comunidade científica, mas também significa maiores exigências e dificuldades para publicação do texto.

10.6 DEFINIÇÃO DE TERMOS TÉCNICOS

Durante a redação, o pesquisador-autor, depois de ter selecionado o canal de comunicação para seu texto e pesquisado as práticas correntes desse canal, já deve estar capacitado a identificar os termos que necessitam ser definidos para aquele público, bem como os que devem ser considerados de uso comum. Nesta subseção discutem-se o momento e a forma para definição de termos técnicos.

As palavras da linguagem diária são ricas em significados múltiplos. Como outros símbolos, seu poder vêm da combinação de significados em um ambiente específico. A linguagem científica tira ostensivamente essa multiplicidade de significado das palavras em defesa da

> precisão. Essa é a razão pela qual termos comuns recebem "significados técnicos" para fins científicos (Firestones, 1987 apud Creswell, 2007, p. 152).

A seguir, são definidos dois aspectos centrais da definição de termos técnicos, associados a dois questionamentos:

1. Quando definir o termo? Devem ser definidos à medida que são citados pela primeira vez no texto.

2. Em que seção definir o termo? Na própria seção de texto na qual ele é citado pela primeira vez – ou, se forem muitos os termos técnicos ao longo do documento, pode-se optar pela criação de um glossário de termos técnicos para o documento em elaboração. Caso se opte pela definição na própria seção de texto na qual ele é citado, pode-se definir o(s) termo(s) no próprio texto ou com o emprego de notas de rodapé: para isso, deve-se verificar nas normas de editoração do canal de comunicação se esse recurso é permitido.

ÍNDICE REMISSIVO

Acervo pessoal, 5, 33

Adjetivos, desnecessários, 79

Advérbios, desnecessários, 79

Alertas, configuração, 13, 14

Análise de conteúdo, 41, 50, 51, 52, 105, 109

Canal de publicação, 123, 130

Circularidade, 70, 104

Circunlóquio, 74, 75

Citação, 21, 78, 116, 117, 118, 119, 120, 121, 130

Conclusão, 85, 91, 115

Construção negativa, 76

Discurso indireto, 71, 72

Discussão dos resultados, 85, 101, 115, 116

Display, 123, 126

Envelhecimento do texto, 80

Erudição, 63, 64

Esboço, 123, 124, 125, 126

Estratégia de pesquisa, 85, 102, 103, 104, 125

Excesso de palavras, 74, 75

Fator de impacto, 15, 18, 131

Frase introdutória supérflua, 65, 66, 67

H-index, 22

Humildade, falta de, 82, 83, 116

Informação, imprecisão, 81

Impact factor, 19

Índice H, 15, 18, 22, 23, 131

Insumo da pesquisa, 4, 85, 109, 110, 112, 113, 114

Insumo, origem, 85, 109, 110, 111, 112, 113, 114

Insumo, natureza, 85, 109, 112, 113, 114

Introdução, 67, 85, 89, 90, 94, 95, 96, 97, 114, 123, 128

Leitura, tipo intensiva, 44, 45, 48, 50

Leitura, tipo *scanning*, 41, 43, 44, 47

Leitura, tipo *skimming*, 41, 44, 48, 50

Leitura, tipo reflexiva, 41, 45

Linguagem pessoal, 72

Mapa bibliométrico, 41, 47, 48, 49, 50, 52

Mapa visual, 123, 126, 127, 128, 129

Método, paradigma de pesquisa, 85, 98, 99, 100, 102, 103, 104

Método, tipo da pesquisa, 85, 100, 101, 102, 103, 104

Método, estratégia de pesquisa, 85, 102, 103, 104, 125

Método, técnica de pesquisa, 102, 103

Motor de busca, 8, 10, 11, 12, 13, 33, 91

Objeto de pesquisa, 33, 84, 85, 86, 87, 88, 97, 98, 106, 110, 111, 112, 113

Objetivo da pesquisa, 85, 97, 98, 99, 100, 105, 110, 111, 116

Palavra longa, 80

Palavras-chave, 85, 92, 93

Paradigma de pesquisa, 99, 100, 102, 103, 104

Peer reviewed, 9, 10, 95

Pergunta de pesquisa, 85, 96, 98, 116

Redação científica, estilo, 53, 61, 63, 66, 73, 74, 84, 100, 130

Redação, descritiva, 41, 53

Redação, dissertativa, 41, 53, 54, 56

Redação, narrativa, 41, 53

Redundância, 70, 71, 86

Reescrever, 63, 64, 65, 66, 69, 70, 72, 74, 75, 76, 77, 78, 79, 80, 81, 82, 83, 84, 123

Referencial teórico, 50, 85, 103, 114

Referência, 21, 45, 63, 85, 115, 116, 117, 118, 119, 120, 121, 122, 130

Repositório institucional, 4, 5, 25

Resultados da pesquisa, exibição, 14, 15, 80, 97, 115, 116, 130

Resultados da pesquisa, classificação, 15

Resumo, 7, 8, 9, 15, 44, 61, 80, 85, 87, 88, 89, 90, 91, 92, 93, 94, 113, 117, 118

Revista científica, qualidade, 17, 18, 21, 22

Scanning, 41, 43, 44, 47

Seção de texto, 115, 122, 132

Seleção, por assunto, 10, 11, 12, 13, 15

Seleção, por corpo de texto, 8

Seleção, por intervalo de datas de publicação, 12

Seleção, por nome da fonte, 11, 12

Seleção, por resumo, 7, 8, 9, 15

Seleção, por título, 7, 8, 9, 11, 12, 13, 15

Skimming, 41, 44, 48, 50

Tautologia, 70, 71

Técnica, análise de conteúdo, 41, 50, 51, 52, 105, 109

Técnica, mapa bibliométrico, 41, 47, 48, 49, 50, 52

Técnica de pesquisa, 85, 102, 103, 105, 108, 109, 125

Teleológica, expressão, 77

Tempo, período, 21, 78, 110

Termo técnico, 68, 123, 131, 132

Texto científico, 41, 53, 61, 63, 68, 69, 70, 72, 73, 74, 76, 77, 78, 79, 80, 81, 85, 86, 87, 88, 90, 93, 94, 95, 97, 118, 119, 120, 123, 125, 130

Texto científico, processo de desenvolvimento, 61, 123

Tipo de leitura, 41, 42, 43

Tipo de pesquisa, 101, 102, 103, 104

Título, 7, 8, 9, 11, 12, 13, 14, 15, 44, 56, 61, 67, 85, 86, 87, 88, 94, 117

Uniformidade de termos, 84

Verbosidade, 74

Vernáculo, 64, 65, 68, 69

Vocabulário rebuscado, 63, 64

Vocabulário popular, 64, 68

Voz passiva, 71, 72

REFERÊNCIAS

ALVES, R. *Filosofia da ciência*: introdução ao jogo e suas regras. 13. ed. São Paulo: Loyola, 2008.

ALVESSON, M.; DEETZ, S. *Doing critical management research*. Londres: Sage, 1999.

BALL, R. Scholarly communication in transition: the use of question marks in the titles of scientific articles in medicine, life sciences and physics 1966–2005. *Scientometrics*, v. 79, n. 3, 2009.

BANDEIRA-DE-MELLO, R. B.; CUNHA, J. C. A. Grounded theory. In: GODOI, C. K.; BANDEI-RA-DE-MELLO, R. B.; SILVA, A. B. (Orgs.). *Pesquisa qualitativa em estudos organizacionais*. São Paulo: Saraiva, 2006.

BARDIN, L. *Análise de conteúdo*. 4. ed. Lisboa: Edições 70, 2009.

BOEMER, M. R. A condução de estudos segundo a metodologia de investigação fenomenológica. *Revista Latino-americana de Enfermagem*, Ribeirão Preto, v. 2, n. 1, jan. 1994.

BOISOT, M.; CANALS, A. Data, information and knowledge: have we got it right? *Journal of Evolutionary Economics*, Heidelberg, v. 14, n. 1, Jan. 2004.

BURGESS, T. F.; MCKEE, D.; KIDD, C. Configuration management in the aerospace industry: a review of industry practice. *International Journal of Operations & Production Management,* v. 25, n. 3, 2005.

CAMACHO, A. C. *Incubadoras e arranjos produtivos locais*: uma análise do alinhamento estratégico no interior paulista. Campo Limpo Paulista, 2010, Projeto de Qualificação (Mestrado em Administração). Faculdade Campo Limpo Paulista, Campo Limpo Paulista, 2010.

CAMARGOS, M. A.; CAMARGOS, M. C. S.; MACHADO, C. J. Análise das preferências de ensino de alunos de um curso superior de administração de Minas Gerais. *Revista de Gestão USP*, v. 13, n. 2, 2006, p.1-14.

CAMPOS. I. C. *Ditados popularmente errados*. 2010. Disponível em: <http://camposic.blogspot.com.br/2010/07/ditados-popularmente-errados.html>. Acesso em: 20 ago. 2012.

CAMPOS, T. L. C. Políticas para stakeholders: um objetivo ou uma estratégia organizacional? *Revista de Administração Contemporânea*, v. 10, n. 4, 2006.

CAMPOS, E. N.; CURY, M. Z. F. Fontes primárias: saberes em movimento. *Revista da Faculdade de Educação*, São Paulo, v. 23, n. 1-2, Jan. 1997.

CARR, N. G. It doesn't matter. *Harvard Business Review*, Boston, v. 81, n. 5, May 2003.

CASTELLS, M. *A Sociedade em rede*. 10. ed. São Paulo: Paz e Terra, 2007.

CASTANEDA, S. L.; ROMERO, M. The role of five induced learning strategies in scientific text comprehension. *The Journal of Experimental Education*, v. 55, n. 3, 1987.

CHEN, Y.; FRANCIS, J. A.; MILLER, J. R. Surface temperature of the arctic: comparison of TOVS satellite retrievals with surface observations. *Journal of Climate*, v. 15, n. 24, Dec. 2002.

CHILES, T. H.; MEYER, A. D.; HENCH, T. J. Organizational emergence: the origin and transformation of Branson, Missouri's musical theaters. *Organization Science*, v. 15, n. 5, Sep./Oct. 2004.

COLLIS, J.; HUSSEY, R. *Pesquisa em administração*: um guia prático para alunos de graduação e pós-graduação. 2. ed. Porto Alegre: Bookman, 2005.

COLTRO, A. A fenomenologia: um enfoque metodológico para além da modernidade. *Caderno de pesquisas em administração*, São Paulo, v. 1, n. 11, jan.-mar. 2000.

COOK, L. K.; MAYER, R. E. Teaching readers about the structure of scientific text. *Journal of Educational Psychology*, v. 80, 1988.

CORBIN, J.; STRAUSS, A. Grounded theory research: procedures, canons, and evaluative criteria. *Qualitative Sociology*, v. 13, n. 1, 1990.

CRESWELL, J. *Projeto de pesquisa*: métodos qualitativo, quantitativo e misto. 2. ed. Porto Alegre: Bookman, 2007.

CRESWELL, J. *Research design*: qualitative, quantitative, and mixed methods approaches. London: Sage, 2009.

CROTTY, M. *The foundations of social research*: meaning and perspective in the research process. Londres: Sage, 1998.

DALTON, M. S.; CHARNIGO, L. Historians and their information sources. *College & Research Libraries*, v. 65, n. 5, 2004.

DAVENPORT, T. H. *Ecologia da informação*. São Paulo: Futura, 2002.

DAY, R. A. The origins of the scientific paper: The IMRAD Format. *American Medical Writers Association Journal*, v. 4, n. 2, 1989.

DE SORDI, J. O. *Administração da informação*: fundamentos e práticas para uma nova gestão do conhecimento. São Paulo: Saraiva, 2008.

DE SORDI, J. O. Análise da coesão entre seções de textos de documentos extensos a partir da aplicação conjunta das técnicas de análise de redes sociais e referências internas. *Perspectivas em Ciência da Informação*, Belo Horizonte, v. 14, n. 1, p. 152-169, 2009.

DE SORDI, J. O.; MEIRELES, M. Arranjo produtivo local ou aglomerado de empresas? Distinção por atributos associados à temática transferência de informação. *Revista de Administração Pública*, v. 46, n. 3, p. 775-794, 2012.

DE SORDI, J. O.; MEIRELES, M. A. Extração de maior valor dos sistemas de informação voltados para redes: importância do domínio semântico dos protocolos de comunicação pelos atores. *Perspectivas em Ciência da Informação*, v. 15, n. 1, 2010.

DE SORDI, J. O.; MEIRELES, M. A. Melhoria da qualidade da informação organizacional pela agregação de resumo: análise de softwares geradores de resumo (*summarizers*). *Ciência da Informação*, v. 38, n. 1, p.109-123, 2009.

DE SORDI, J. O.; MEIRELES, M.; VALENTIM, M. L. P. New technologies, old habits: automation without innovation. *Brazilian Administration Review*, v. 9, n. 1, p. 110-126, 2012.

DE SORDI, J. O. ; MEIRELES, M. A. ; AZEVEDO, M. C. ; CIRANI, C. B. S. Declaração das fontes de informação na comunicação científica: uma prática a ser incorporada à gestão da informação organizacional? In: XXXVI Encontro da ANPAD, 2012, Rio de Janeiro. *Anais do XXXVI Encontro da ANPAD*, 2012. v. 1. p. 1-16.

DE SORDI, J.O. ; MEIRELES, M. ; CIRANI, C. B. S. ; AZEVEDO, M. C. . Declaration of imput sources in scientific research: should this pratice be incorporated to organizational information management? *Perspectivas em Ciência da Informação*, v.18, n.2, p.17-38, 2013.

DESCARTES, R. *Discurso do m*étodo. Trad. Enrico Corvisieri. São Paulo: Nova Cultural, 1999. (Col. Os Pensadores.)

ELLIS, T. J.; LEVY, Y. Framework of problem-based research: a guide for novice researchers on the development of a research-worthy problem. *Informing Science*, v. 11, 2008.

ENDRES, G. J.; KLEINER, B. H. Reading between the lines. *Training & Development*, v. 46, n. 7, 1992.

EPPLER, M. J. *Managing information quality*: increasing the value of information in knowledge--intensive products and processes. 2. ed. New York: Springer, 2006.

ERIKSSON, C. I. et al. Business models for m-services: exploring the e-newspaper case from a consumer view. *Journal of Electronic Commerce in Organizations*, v. 6, n. 2, 2008.

GELETKANYCZ, M.; TEPPER, B. J. Publishing in AMJ part 6: discussing the implications. *Academy of Management Journal*, v. 55, n. 2, 2012.

GERGULL, A. W. Uma reflexão acerca do núcleo fundamental da teoria contábil. *Caderno de Estudos*, v. 9, n. 15, 1997.

GRANT, A. M.; POLLOCK, T. G. Publishing in AMJ part 3: setting the hook. *Academy of Management Journal*, v. 54, n. 5, 2011.

HALL, W. C. Reflections of yesterday: George H. W. Bush's instrumental use of public opinion research in presidential discourse. *Presidential Studies Quarterly*, v. 32, n. 3, Sep. 2002.

HIRSCH, J. E. An index to quantify an individual's scientific research output. *PNAS*, v. 102, n. 46, 2005, p. 16.569-16.572.

HUFF, A. S. Writing as conversation. In: HUFF, A. S. *Writing for scholarly publication*. Thousand Oaks: Sage Publications, 1998.

HUTH, E. J. Authors, editors, policy makers and the impact factor. *Croatian Medical Journal*, v. 42, n.1, 2001, p. 14-17.

JAMALI, H.; NIKZAD, M. Article title type and its relation with the number of downloads and citations. *Scientometrics*, v. 88, n. 2, 2011.

JOHNSON, P. F.; LEENDERS, M. R. Gaining and losing pieces of the supply chain. *Journal of Supply Chain Management*, v. 39, n. 1, 2003.

KRAGH, H. *An introduction to the historiography of science*. Cambridge: Cambridge University Press, 1989.

LANGLEY, A. Strategies for theorizing from process data. *Academy of Management Review*, v. 24, n. 4, 1999.

MANTOVANI, D.; KORELO, J. C.; PRADO, P. H. M. Como você fez sua escolha? O papel do foco motivacional sobre a tendência a inovar. *Revista de Administração Contemporânea*, v. 16, n. 2, p. 179-199, 2012.

MEIRELES, M. A. *Modelo de tomada de decisão por meio de indicadores definidos segundo a distribuição beta*. São Paulo, 2005, 210 f. Tese (Doutorado em Engenharia da Produção). Escola Politécnica da Universidade de São Paulo, Departamento de Engenharia da Produção, São Paulo, 2005.

MEMPOWERED. How memory works. Disponível em: <http://www.memory-key.com/improving/strategies/everyday/external-aids>. Acesso em: 18 set. 2012.

MILES, M. B., HUBERMAN, A. M. *Qualitative data analysis*: an expanded sourcebook. 2 ed. Thousand Oaks: Sage, 1994.

MORENO, F. P.; LEITE, F. C. L.; ARELLANO, M. A. M. Acesso livre a publicações e repositórios digitais em ciência da informação no Brasil. *Perspectiva Ciência da Informação*, v. 11, n. 1, 2006.

OGBONNA, E.; HARRIS, L. C. The dynamics of employee relationships in an ethnically diverse workforce. *Human Relations*, v. 59, n. 3, 2006.

POBLACION, D. A.; WITTER, G. P.; SILVA, J. F. M. *Comunicação e produção científica*: contexto, indicadores e avaliação. São Paulo: Angellara, 2006.

SCHMIDT, S.; BOHNENBERGER, M. C. Perfil empreendedor e desempenho organizacional. *Revista de Administração Contemporânea*, v. 13, n. 3, p. 450-467, 2009.

SELLTIZ, C.; JAHODA, M.; DEUTSCH, M.; COOK, S. *Métodos de pesquisa nas relações sociais*. São Paulo: EDUSP, 1975.

SILVA, A. B. A fenomenologia como método de pesquisa em estudos organizacionais. In: GODOI, C. K.; BANDEIRA-DE-MELLO, R. B.; SILVA, A. B. (Org.). *Pesquisa qualitativa em estudos organizacionais*. São Paulo: Saraiva, 2006.

SMITH, M. D. Space: an open source institutional repository for digital material. *D-Lib Magazine*, v. 8, n.10, 2002.

SOARES, S. B. C. *Indicadores da produção científica*: fator de impacto e Índice H. Disponível em: <http://slideshare.net/suelybcs>. Acesso em: 10 nov. 2009.

SOLOMON, A.; WILSON, G.; TAYLOR, T. *100% information literacy success*. Clifton Park, NY: Thomson Delmar Learning, 2007.

SPARROWE, R. T.; MAYER, K. J. Publishing in AMJ part 4: grounding hypotheses. *Academy of Management Journal*, v. 54, n. 6, 2011.

STREHL, L. O fator de impacto do ISI e a avaliação da produção científica: aspectos conceituais e metodológicos. *Ciência da Informação*, v. 34, n. 1, 2005, p. 19-27.

SUDDABY, R. Editor's comments: construct clarity in theories of management and organization. *Academy of Management Review*, v. 35, n. 3, 2010.

TABACHNICK, B. G.; FIDELL, L. S. *Experimental designs using ANOVA*. New York: Thompson Brooks/Cole, 2007.

TENOPIR, C.; JACSO, P. Quality of abstracts. *Online*, Medford, v. 17, n. 3, p. 44-53, May 1993.

TOFFLER, A. *The third wave*. New York: Morrow, 1980.

TRAD, S.; MAXIMIANO, A. C. A. Seis Sigma: fatores críticos de sucesso para sua implantação. *Revista de Administração Contemporânea*, v. 13, n. 4, p. 647-662, 2009.

TURNER, A. H. Osteology and phylogeny of a new species of Araripesuchus (Crocodyliformes: Mesoeucrocodylia) from the late Cretaceous of Madagascar. *Historical Biology*, v. 18, n. 3, 2006.

VAN DE WATER, H.; DE VRIES, J. Choosing a quality improvement project using the analytic hierarchy process. *The International Journal of Quality & Reliability Management*, v. 23, n. 4, 2006.

VOLPATO, G. L. *Bases teóricas para redação científica*. Vinhedo: Cultura Acadêmica, 2007.

WRIGHT, M. et al. The ombudsman: verification of citations: fawlty towers of knowledge? *Interfaces*, v. 38, n. 2, Mar. 2008.

YUSUF, A.; SAFFU, K. Planning and performance of small and medium enterprise operators in a country in transition. *Journal of Small Business Management*, United States, Milwaukee, v. 43, n. 4, 2005.

SITES CONSULTADOS

ASHBY, M. *How to write a paper*. Engineering Department, University of Cambridge, 6. ed., 2005. Disponível em: <http://www-mech.eng.cam.ac.uk/mmd/ashby-paper-V6.pdf>. Acesso em: 12 abr. 2011.

ASSOCIAÇÃO DOS MAGISTRADOS BRASILEIROS. *Campanha pode extinguir linguagem rebuscada no judiciário*. 2005. Disponível em: <http://www.amb.com.br/?secao=mostranoticia&mat_id=1442 >. Acesso em: 22 ago. 2012.

ELSEVIER. *Graphical Abstract*. Disponível em: <http://www.elsevier.com/wps/find/authorsview.authors/graphicalabstracts>. Acesso em: 17 set. 2012.

EMERALD. *How to write an abstract*. Disponível em: <http://www.emeraldinsight.com/authors/guides/write/abstracts.htm?part=1#2>. Acesso em: 11 dez. 2009.

IBICT, Instituto Brasileiro de Informação em Ciência e Tecnologia. *Edital de Chamada FINEP/PCAL/XBDB Nº 001/2009*. Brasília, 2009. Disponível em: <http://www.ibict.br/anexos_noticias/EDITAL_distrib_epto_pcal_xbdb_2_2009.doc>. Acesso em: 15 mar. 2009.

KÄMPF, C. Tradução de conceitos científicos coloca impasses por vezes intransponíveis. *Com Ciência, Revista Eletrônica de Jornalismos Científico*, 2012. Disponível em: <http://www.comciencia.br/comciencia/?section=8&edicao=80&id=990>. Acesso em: 6 set. 2012.

MERRIAM-WEBSTER Online Dictionary. *Definição para palavra "Source"*. Disponível em: <http://www.merriam-webster.com/thesaurus/source>. Acesso em: 16 jan. 2012.

MUNDO VESTIBULAR. *Técnicas de Redação* - Narração, Descrição e Dissertação. Disponível em: <http://www.mundovestibular.com.br/articles/1262/1/Tecnicas-de-Redacao-Narracao-Descricao-e-Dissertacao/Paacutegina1.html >. Acesso em: 14 nov. 2012.

OLSON, H. *Quantitative "versus" qualitative research:* the wrong question, 1995. Disponível em: <http://www.ualberta.ca/dept/slis/cais/olson.htm>. Acesso em: 03 out. 2012.